스타트업 주니어로 살아남기

스타트업
주니어로
살아남기

유석영 지음

첫 직장이 스타트업,
이것만은 알고 가자!

홍익출판 미디어그룹

PART 1

첫 직장 생활이 스타트업,
이것만은 알고 가자

: 누구도 제대로 알려 주지 않는다

PART 4

어떻게
더 성장할 수 있을까?

: 로켓 얻어 타지 말고, 직접 로켓이 되는 방법

서문

내가 겪었던 문제를 다른 누군가는 겪지 않았으면 좋겠다. 특히나 그 문제가 알고 보니 쉽게 극복할 수 있고, 겪을 필요도 없었던 것이라면 더더욱 그렇다.

스타트업은 돌파구가 될 수 있을까

스타트업은 세상에 없던 걸 만들려고 한다. 왜냐하면 이미 수많은 상품이 거의 다 나와 있기 때문이다. 그 틈바구니 속에서 성공하려면 기존에 없던 걸 만들어야 한다. 이는 오히려 기회이기도 하다. 회사의 규모가 커져서 움직임이 굼뜨고 보고체계가 수직적인 기성 기업에 비해서 작은 기업이 기민하게 상품을 개발하여 기회를 잡을 수 있기 때문이다. 그래서 오늘날 저성장 시대에 스타트업이 주목받고 있다.

"스타트업은 절벽에서 뛰어내린 다음 비행기를 만드는 것과 같다."
− 리드 호프만Reid Hoffman, 링크드인LinkedIn 공동창업자

스타트업은 변화에 빠르게 대응하기 위해 기업의 모든 조건을 변화시킨다. 일개 직원이 다른 팀 팀장과 직접적으로 소통하고, 직접 의사 결정을 내리는 등 수평적인 조직 문화로 운영한다. 그래야 시장 반응에 기민하게 대응하여 제품을 바꿔 버릴 수 있기 때문이다. 또한 다양한 직군이 프로젝트 단위로 모여 임시 팀을 꾸렸다가, 금방 흩어졌다가, 다른 팀을 꾸리기도 한다. 제품을 시장에 맞게 빠르게 변화시키기 위해서다.

이러한 방식에 젊은 세대가 큰 매력을 느낀다. 자신이 제품 방향성에 기여할 수 있고, 자기 목소리를 낼 수 있기 때문이다. 또한 시키는 일만 하고 무료한 직장 생활을 보내는 게 아니라 다양한 일에 도전하고 경험을 쌓으며 성장할 수 있다. 창업을 꿈꾸는 청년들이 늘어나는 요즘, 스타트업에 대한 관

심도 커지고 있다.

하지만 부작용도 있다. 스타트업이 세상에 없던 방식으로 새로운 제품을 만드는 경우가 많기 때문에 일에 적응하려면 시간이 오래 걸리고 문제 해결도 힘든 편이다. 사수가 없는 경우도 많고, 사수가 있더라도 그 또한 경험이 부족하여 주니어가 스스로 학습해야 하는 일이 많다. 그 과정에서 스타트업에 대한 환상만을 가지고 입사한 많은 주니어들이 괴로워한다.

쉽게 해결할 수 있거나, 겪을 필요도 없었던 문제들

신입과 시니어Senior 사이의 주니어Junior는 자신이 무슨 문제를 겪고 있는지조차 모른다. 자기가 겪는 상황이 문제인지 아닌지 제대로 판단하기가 어렵다. 다른 회사를 다녀본 게 아니기 때문에 비교할 기준이 없는 탓이다. 그래서 지나고 보니 아무것도 아니었던 문제로 죽을 만큼 힘들어하거나, 그러다 퇴사로 이어지기도 하며, 수개월에서 몇 년의 시간을 허비하기도 한다. 그중 많은 시행착오들은 애초에 겪을 필요가 없었거나, 쉽게 해결할 수 있는 것들이라고 확신한다. 초심자이기 때문에 모를 뿐이다.

예를 들면 사람에 대한 스트레스를 받는다고 치자. 동료에게 파일 하나를 요청했는데 한참이 지나도 파일을 보내 주지 않는다. 항상 그런 식인 동료 때문에 당신은 언성을 높이기도 하고, 그 사람 생각만 해도 신경질이 날 수도 있겠다. 그렇게 직장 생활이 괴로워지기 시작한다. 하지만 이 상황에서 진짜 문제는 무엇이었을까?

대부분의 주니어들은 타인에게 업무를 요청할 때 언제까지 처리해 달라고 하는 '납기'를 명시하지 않는다. 일을 몇 년 해본 경력직들은 당연히 무언가를 요청할 때 언제까지 달라는 말을 덧붙여야 제때 회신을 받을 수 있다는 걸 안다. 상대방의 문제가 아니라, 일을 요청하는 사람이 일차적으로 잘못한 것이다. 그런데 주니어 때에는 이런 걸 모른다. 그러니까 마냥 상대방이 무능하다고 생각하고 그를 싫어하게 된다.

경험이 쌓이고, 실력이 늘면 업무 방법론을 자연스럽게 알게 된다. 그러나 그때까지 우리는 상대방을 욕하고, 주먹구구식 회사를 욕하느라 심적으로도 힘들어진다. 이렇게 생겨나는 직장 스트레스들이 알고 보면 굉장히 사소한 노하우로 해결할 수 있었고, 애초에 겪을 필요도 없었던 거라면 어떤가? 그래서 이 책을 쓴다.

책의 구성

스타트업의 실무자들은 기존에 없던 혁신적인 아이템을 만드는 경우가 많다. 그래서 정해진 업무 방법론이 없거나, 가장 최신의 생소한 방식으로 일하는 경우가 많다. 그렇기에 일의 본질을 논하기에 좋다.

본문에서 사용한 '사회초년생'이라는 표현은 직장에 처음 입사한 사람을 말하고, '주니어'라는 표현은 사회초년생을 포함하여 경력이 대략 2년 미만 정도 되는 사람을 지칭하는 표현으로 썼다. 이 책은 직장 생활과 스타트업을 처음 겪는 주니어들을 위해 쓴, 그 어떤 책보다 실용적인 스타트업 가이드 북이라고 자부한다.

PART 1 스타트업과 직장 생활에 대해 다룬다

같은 출발선에서 시작하더라도 어떤 이는 앞서가고, 어떤 이는 정체하거나 오히려 후퇴한다. 10년, 20년이 지나도 그대로인 사람이 있는 반면 매년, 매주 성장하는 사람이 있다. 그 차이는 직업과 직장을 바라보는 관점에서 시작한다. 스타트업에 다니는 사람들은 어떤 사고방식을 가지고 있는지 풀어 보고자 한다.

`PART 2` **스타트업에서 스스로 적응하는 방법에 대해서 다룬다**

좋은 회사라면 신입사원이 잘 적응할 수 있도록 제도를 갖추고 있지만 그렇지 않은 회사도 많다. 이미 잘 갖춰져 있더라도 결국 스스로 적응해야 한다. 로켓처럼 변화하는 스타트업에서 빠르게 적응하려면 어떻게 해야 하는지 다뤄 본다.

`PART 3` **업무 방법론에 대해서 다룬다**

무슨 업무가 되었든 자기가 맡은 '과업'을 어떻게 관리하는지, 동료와 업무적인 대화를 나눌 땐 어떻게 해야 하는지, 글로 업무 내용을 전달할 때 어떻게 효과적으로 할 수 있는지, 효율적인 회의는 어떻게 하는지 등 실용적인 내용을 주로 이야기하려고 한다. 그리고 일을 몇 배는 빠르게 처리할 수 있는 '매뉴얼' 방식까지 다뤄 본다.

`PART 4` **회사를 다니는 동안 꼭 해야 할 '회고' 방법론을 다룬다**

모든 성장하는 사람들은 성찰을 한다. 마찬가지로 스타트업에서도 성장하기 위해 회고를 한다. 지금부터 이야기할 내용들은 대부분 함께 일한 동료들에게서 배웠다. 열정적이고 뛰어난 동료를 만나는 건 행운이고 축복이다. 함께했던 모두에게 감사의 말씀을 전한다.

PART 1

첫 직장 생활이 스타트업,
이것만은 알고 가자

: 누구도 제대로 알려 주지 않는다

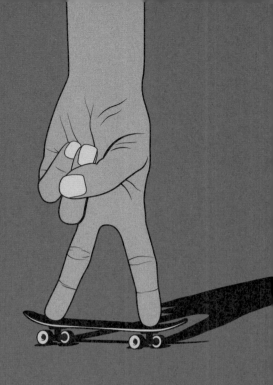

출근 첫날에 정장을 입고 갔다. 너무 과한 것 같아서 나름 넥타이는 매지 않았다. 그런데 청바지에 티셔츠를 입은 팀원들이 내 복장을 슬쩍 보더니 멋쩍어하며 반겨 주었다. 그제야 깨달았다. 편하게 입고 오라는 말이 진짜였구나. 근데 너무 편한 거 아닌가? 그렇게 스타트업에서의 직장 생활이 시작되었다.

①

스타트업에서
그렇게 일하면 안 돼

제대로 알려 주지도 않으면서

"스타트업에서 그렇게 일하면 안 돼." 내가 스타트업에 입사한 지 두 달 정도밖에 되지 않았을 때 들었던 말이다. 내가 첫 직장으로 시작한 스타트업은 팀원 6명 정도의 작은 조직이었다. 그런데 이게 웬걸, 내가 입사한 다음 주에 1명이 퇴사했다. 그리고 그다음 달에 1명이 퇴사하고, 다음 달에 1명이 더 퇴사하더니, 다음 달에 1명이 더 나갔다. 물론 신규 입사자가 그보다 많이 충원되어 인원수 자체는 점차 늘어났지만, 기존에 다니던 사람들이 줄줄이 나가는 게 유쾌한 경험은 아니었다. 사실 공포스러웠다. 나는 누구한테 일을 배운단 말인가?

당시 회사는 교육 사업을 운영하고 있었다. 회사의 자체 콘텐츠를 바탕으로 직원들이 직접 강의도 하고, 교육 행사를 운영하는 일도 맡았다. 나는 입사 두 달도 안 되어 강단에 서야 했을 뿐 아니라, 작은 프로그램 하나의 PMProject Manager 업무도 맡았다. 다른 기업이었다면 대리/주임급 정도는 되어야 한 프로그램의 PM 정도를 맡지 않았을까 싶지만, 초기 스타트업이다 보니 프로젝트 규모도 작고 인력도 부족하여 곧바로 실무를 맡게 된 것이다. 그래서 나름대로 나만의 일하는 방식을 시도하곤 했다.

물론 안 해본 일을 하다 보니 실수가 잦았다. 프로그램에 필요한 물품인데 빼먹고 챙기지 않아서 심장이 철렁했던 적도 있었고, 클라이언트Client, 고객한테 말실수하는 바람에 관계가 나빠지기도 했다. 꼼꼼히 한다고 해도 구멍은 여기저기 송송 뚫렸다. 누구도 옆에 붙어서 일을 제대로 알려 줄 수 있는 사람이 없었다. 왜냐하면 다른 팀원들은 너무 바빠서 말을 걸기도 미안할 정도였기 때문이다. 그야말로 각자 알아서 살아남아야 하는 전쟁터가 따로 없었다.

그럼에도 불구하고 나는 이것저것 사사건건 물어봤다. 내입장에서는 "내가 이런 것까지 결정해도 되나?" 싶은 게 너무 많아서 부담스러웠다. 실수도 많다 보니까 자신감도 떨어졌다. 그래서 작은 일도 동료들에게 물어보고 확인받으려 하니까 꾸중 아닌 꾸중을 들었다. "스타트업에서 그렇게 일하면 안 돼"라는 말이었다.

나한테 가장 스트레스였던 건 '제대로 알려 주지도 않으면서 뭐라고 한다'는 점이었다. 당시 나는 대학생 시절에 늘 상상하던 회사의 모습을 기대하고 있었다. 신입사원 연수나 교육이라든지 옆에서 하나하나 알려 주는 사수의 모습들 말이다. 그러나 실제론 첫날의 1시간 오리엔테이션 말고는 특별한 교육 없이 곧바로 실무에 투입되었고, 정말 필요한 내용만 전달받은 채로 일해 나갔다. 나중에 알았지만 그들이 제대로 알려 주지 못하는 이유는, 그들도 뭔가 가르쳐 줄 게 없기 때문이었다.

정말로 회사에 체계가 부족했다. 정해진 양식 없이 구글 드라이브* 어딘가에 처박혀 있던 과거의 양식을 가져다 썼고 서로 쓰는 양식이 다 달랐다. 법인 카드를 언제 어느 항목에 쓸 수 있는지도 정해진 게 없어서 일이 생기면 그때 가서 규칙을 만들었다. 이런 식으로 우리가 가는 길은 모두가 처음

---

* 구글 드라이브Google Drive: 구글의 클라우드 서비스. 여러 직원이 회사의 문서 및 파일을 공용 클라우드에 업로드하고, 다운로드할 수 있다.

걷는 길이었기에 새로 체계를 만들어 가야 하는 영역이었다. 그나마 다른 회사 경력이 있는 팀원들은 각자의 일해 온 방식으로 실무를 해낼 수 있었다. 하지만 나는 신입사원으로서 하루하루 일에 치여 허덕였다. 그게 내 첫 직장 생활이었다.

스타트업에서는 대체 어떻게 일해야 맞는 걸까? 지금부터 이 이야기를 해보고자 한다. 사회초년생 때는 간과하기 쉽지만, 직장 생활을 몇 년 하다 보면 자연스레 알게 되는 이야기다. 하지만 사회초년생일 때는 이러한 고민을 놓치기 쉽고, 그로 인해 직장에서 극심한 스트레스를 받는다. 그 시행착오의 비용을 줄이는 데 도움이 되었으면 좋겠다.

회사가 가르쳐 주고 보살펴 주세요

내 마음가짐은 정확히 이랬다. 회사가 직원을 하나하나 챙겨 주고, 가르쳐 주고, 알려 줘야 한다고 믿었다. 학창 시절에는 학교에서 하라는 대로만 하고 보살핌을 받았다. 대학생 시절에는 등록금을 내고 다니기 때문에 나의 권리를 이야기하며 학교가 학생에게 해줘야 하는 것만 생각했다. 그리고 자연스럽게 회사에 와서, 이전과 마찬가지로 당연히 보살핌을 받을 거라 생각했던 것 같다.

물론 근로자의 권리는 보장받아야 한다. 그런데 나를 포함하여 주변의 사회초년생들은 종종 그 권리를 굉장히 확대해석한다. 대기업 신입사원들이 연수받는 모습만 상상해 왔기에 스타트업에 입사했을 때에도 회사가 나에게 전부 가르쳐 주고, 키워 줘야 한다는 생각이었다. 내가 일을 잘 못하더라도 잘할 수 있도록 가르쳐야 하는 거 아닌가 싶었다.

하지만 직장은 결국에 돈을 버는 곳이다. 근로자는 회사와 계약을 맺고 돈을 받으며, 그에 상응하는 성과를 내야 한다. 근로자의 권리가 있다면 의무와 책임도 있다. 나는 그걸 몰랐다. 아니, 몰랐다기보다는 간과했다.

권리만 알고 책임은 몰랐다

사회초년생이라면 자연스럽게 회사 안에서의 일이 세상 전부처럼 보이게 된다. 사무실 안에서 일하고, 회사 사람들과 하루를 같이 보내고, 회사 안에서 인정받기를 원한다. 또한 회사에 더 나은 대우나 변화들을 요구한다. 그렇게 회사는 나를 지켜 주는 울타리이자, 내가 인정받아야 하는 무대이자, 내가 사는 세상 자체가 되어 간다.

하지만 세상은 그렇게 좁지 않다. 누군가에게 돈을 받는다는 건 생각보다 힘든 일이고 시장에서 살아남는다는 것도 마찬가지다. 특히나 초기 스타트업 같은 조직이 살아가는 세상은 전쟁터나 다름없다. 하루하루가 전투다.

나만 그런 게 아니라 밀레니얼 세대(1980년대 초부터 2000년대 초 사이에 출생)는 회사에 다양한 것들을 바란다. 딜로이트 Deloitte 컨설팅사의 보고서[1]에서는 밀레니얼 세대에 대한 보고서에 '불안하고, 비관적이며, 우려하는 젊은 노동자들'이라는 파격적인 부제까지 붙이고 있다. 보고서의 내용을 요약하자면 밀레니얼 세대는 사회나 환경 등에 대해 불안하고 비관적인 시각을 가지고 있어서, 기업에게도 수익만 추구할 게 아니라 사회적 책임을 다하기를 기대한다는 내용이다.

이는 직장 내에서도 마찬가지여서 기업이 수익만 추구하는 것이 아니라 직장 내 다양성을 존중한다든지, 개인의 경력 개발을 지원하는 등 근로자에 대한 책임과 대우를 바란다.

나도 마찬가지였다. 기업은 돈을 벌기 위해 설립된 조직이지만 구성원들을 위해 힘써야 한다고 생각했다. 근로자의 권리를 무엇보다 중요하게 여겼던 나는 대학교 때 협동조합을 창업한 적도 있었다. 굳이 협동조합 형태로 기업을 만들었던 건 사업적인 이유도 있지만, 자본주의적인 기업관 자체를 바꿔 놓고 싶었던 게 컸다.

협동조합은 자본에 따라 의사 결정권이 달라지는 주식회사와 달리 구성원 모두가 1인 1표의 권리를 가진다. 또한 직원들의 복지와 인간다운 삶을 기업의 이윤 추구보다 우선으로 둔다. 그만큼 나에게는 '근로자의 권리'가 중요했다.

그래서 당연히 스타트업에 취업할 당시에도 회사가 이익 추구보다는 임직원의 인간다운 삶을 우선적으로 챙겨야 한다고 생각했다. 신입사원에게 체계적인 교육을 제공하고, 복지 혜택도 마련하고, 개인의 성장을 지원해야 한다고. 그리고 이를 회사에 당당하게 요구하는 게 근로자의 권리라고 여겼다. 물론 지금도 그 생각은 달라지지 않았다. 근로자의 권리는 당연히 중요하다.

하지만 여기서 말하고 싶은 건 내가 '권리만 알고 책임을 몰랐다'는 점이다. 자신의 권리를 챙기는 건 아무리 강조해도 지나치지 않은 중요한 일이다. 하지만 '책임'에 대해선 학창 시절 동안 생각해 본 적이 없었다.

토론토 대학의 심리학 교수인 조던 피터슨Jordan B Peterson은 '삶의 의미'에 대한 강의[2]에서 정확히 이 부분을 지적한다.

"제가 청중한테 많이 이야기한 것은 권리가 아니라 책임에 대한 것이었죠. 권리에 대한 논의는 책임, 의무에 대한 논의 없이 할 수가 없잖아요. 왜냐면 당신의 권리는 내 의무이기 때문입니다. 개념상 그래요. 그래서 논의의 반절만 할 수는 없는 거죠. 그런데 우리는 오직 그 반절의 논의만 해왔습니다. (중략) 세상에 아무도 그들에게 이걸 말 안 해줬어요. 그저 '권리, 권리, 권리……' 세상에."

그는 밀레니얼 세대 중 많은 사람이 삶의 의미를 잃어버리고 동기부여가 떨어지는 이유에 대해서 '사회가 항상 권리만 논하고 책임을 논하지 않았기 때문'이라는 이야기를 풀어내고 있다. 삶의 고난이나 시련을 이겨 낼 수 있는 동력을 단순히 권리에서만 찾는다면 삶의 의미를 반절밖에 갖지 못할 거라는 메시지로 이해했다. 밀레니얼 세대가 무엇이 됐든 스스로 무게감 있는 '책임'을 지게 된다면 그 고난과 시련을 이겨 내야 하는 이유와 동기가 생기고, 그것으로 반절뿐이었던 삶의 의미를 되찾는다고 그는 이야기한다.

이러한 메시지를 보고 소름이 돋았다. 직장 동료들 중에는 5년 차 이상의 경력직도 있었다. 그들은 분명 나보다 힘든 업무를 감당하고, 더 많은 일을 하고, 회사 욕도 더 많이 하는데 잘 버텨냈다. 자기가 하는 일에서 의미를 찾고, 웃어야 할 때 그들은 웃을 수 있었다. 그게 참 대단해 보였다.

지금 생각해 보니 그들은 성과에 대한 책임감이 비교할 수 없을 만큼 강했다. 회사에 이것저것 불만도 많이 이야기하고, 근로자의 권리도 따지지만 동시에 '왜 저렇게까지 하나' 싶을 정도로 성과를 만들어 내고자 했다. 지금은 안다. 그들이 당당했던 것은 성과에 대한 책임감이 내재되어 있기 때문이었다. 똑같은 직장을 다녀도 전혀 다른 직장 생활을 한다. 그 비밀 중 하나가 여기에 있다고 생각한다.

불평만 하는 아마추어 vs 묵묵히 성과를 내는 프로

입사 두 달이 지났을 때의 나는 회사에 대한 불평, 불만만 쌓였다. 그래서 회사에 이것저것 요구했다. 내가 일을 더 잘할 수 있게 가르쳐 달라, 업무 체계를 잡아 달라, 동기부여가 떨어지지 않게 해달라고 거듭해서 이야기했다.

그러나 이는 마치 완벽한 조건이 갖춰지지 않으면 아무것도 해낼 수 없는 무능한 사람이라고 자백하는 꼴이었다. 무조건 교육을 더 받아야만 일을 잘할 수 있다는 건 내가 무능하다는 반증이 될 수 있다. 회사가 충분히 일할 수 있는 환경을 제공했고, 기본적인 인수인계를 마쳤다면 '더 잘 해내는 것'

은 근로자의 몫이다. 물론 그 인수인계 수준이 턱없이 낮을지라도 말이다.

아마추어가 '안 되는 이유'만 늘어놓는 동안 프로는 묵묵히 결과물을 만들어 낸다. 그것이 최선은 아닐지라도 말이다. 아마추어는 일을 배우지만, 프로는 일을 한다. 잊지 말아야 할 것은 돈을 받으려면 성과물을 만들어 내야 계약 관계가 성립한다는 것이다.

스타트업은 갈수록 책임감 있는 사람을 찾는다

스타트업에는 프로처럼 일하는 사람들이 모인다. 왜냐하면 혁신을 만들어 내는 데에만 집중하기 때문에 스스로 빠르게 적응하고, 스스로 학습하며, 최고의 성과물을 만들어 내는 사람만 뽑기 때문이다.

스타트업 업계의 구직시장에서도 '권리'에 가려져 있던 직장인의 '책임감'에 대해 재조명하고 있다. 유명한 스타트업에서도 신입사원 교육 커리큘럼이 없는 경우가 많다. 물론 회사에 잘 적응하기 위한 온보딩* 과정은 존재하겠지만 회사가 직

---

* 온보딩Onboarding : 신입사원이 회사의 체계와 문화에 적응하도록 만드는 과정.

원을 학생 대하듯이 일일이 가르쳐 주고 교육하는 과정이 없다. 대신 구성원이 스스로 학습할 수 있도록 회사 내부의 거의 모든 정보를 투명하게 공개하거나, 학습비를 지원한다. 빠르게 변하는 시장에서 스스로 학습하는 사람만 살아남는다.

갈수록 기술과 사회의 변화 속도는 빨라지고 있다. 이전 시대에는 오랜 시간에 걸쳐 전문 지식을 갈고닦았지만, 이제는 그것으론 부족하다. 구성원이 매일매일 학습하고 성장해야 하는 시대로 전환되고 있다. 그러니까 변화가 빠른 IT기업을 필두로 인재상 자체가 변하는 것이다. 조직 구성원이 회사에 교육해 달라고 요구하는 게 아니라, 오히려 회사가 개인에게 스스로 학습하며 성장하기를 요구하는 시대로 변하고 있다. 그것이 기업 입장에서도 생존에 유리하고 개인에게도 성장하기에 유리하다.

자신의 권리를 주장하고 챙기는 일은 회사 안에서든, 학교에서든, 가정에서든 반드시 해야 하는 일이다. 다만 권리에 따르는 책임이 있다는 것을 인지하면서 변화하는 현실에 맞는 방향으로 적응해야 할 것이다.

스타트업은 문제 해결자를 원한다

　호구가 될 필요는 없다. 근로자의 권리는 두말할 필요도 없이 중요하다. 회사가 정당한 인수인계 및 업무 방식 교육을 진행하지 않거나, 일할 수 있는 근무 환경을 제공하지 않는다면 당당하게 요구해야 한다. 세상에는 별별 회사가 많기 때문에 자신의 권리는 자신이 챙길 수 있어야 하겠다. 하지만 내가 겪은 실수는 겪지 않기를 바란다.

　권리만 알고 책임을 모르면 불평쟁이가 된다. 본인이 겪는 모든 문제점을 회사나 환경 탓으로 돌리게 되는 것을 많이 보았다. 시간이 갈수록 자기 실력이 부족한 것조차 회사의 근무 환경 탓이라고 부정하고, 경영진 욕만 하는 경우도 늘어난다. 하지만 스타트업에서는 그렇게 일하면 스스로 힘들어진다.

　스타트업은 기존에 없던 무언가를 만들어 내기 위해 노력하는 조직이다. 함께 달릴 준비가 될 사람들이 모여서, 함께 달리는 게 스타트업에서의 직장 생활이다. 불평쟁이가 될 것인지, 불평하더라도 스스로 성장하고 문제를 해결하는 문제 해결자가 될 것인지는 스스로 선택하기 나름이다. 개인적으로 나는 불평쟁이랑은 함께 일하고 싶지 않다.

스타트업은
대체 무엇이 다른가?

스타트업을 모르고 입사했다면 겪게 되는 문제들

A 스타트업에 취업했어요.

B 거기는 뭐 하는 회사야?

A 스타트업은 회사 이름이 아니에요ㅠㅠ

스타트업은 일반적인 기업과 조금 다르다. 만약 창업이나 새로운 제품 또는 서비스 트렌드 등에 관심이 많지 않으면 생소할 수도 있다. 하지만 최근에는 배달앱이나 모바일 금융처럼 작은 스타트업으로 출발하여 빠르게 기업가치 1조 원을 넘긴 기업, 일명 '유니콘 스타트업'이 늘어나면서 스타트업에 대한 관심도 늘어나고 있다. 만약 스타트업에 입사한다면 일반적으로 상상할 수 있는 회사와 어떤 점이 다를까?

스타트업을 잘 모르고 입사했다면 다음과 같은 문제들을 겪게 될지도 모른다.

1) 기존에 없던 방식

스타트업은 기존에 없던 제품 또는 서비스를 창업하는 경우가 많다. 즉, 대한민국에서 누구도 제대로 성공해 본 적 없거나, 그 분야에 대해서 제대로 조언해 줄 사람이 없는 경우가 부지기수다. 예를 들어 리멤버Remember라는 스타트업은 명함 사진을 핸드폰 카메라로 찍으면 자동으로 연락처에 등록해 준다. 개발이 끝나고 사업화할 때 이 사업을 성공시키려면 무엇을 어떻게 해야 하는지 아무도 모르는 상황이었을 것이다. 회사 안에서도 정답을 알고 있는 사람이 없어서 개발자가 새로운 방식을 만드는 상황도 올 수 있다.

새로운 문제 상황에 끊임없이 직면하게 되므로 문제 해결을 즐기고 잘하는 사람이 아니라면 스타트업에 적응하기 힘들 수도 있다. 만약 회사가 신입사원에게 친절히 업무를 가르쳐주길 바라고, 매번 정해진 업무만 안정적으로 하길 원한다면, 당신에게 스타트업은 최악의 직장이 될 확률이 높다. 왜냐하면 하루가 다르게 도태되고 있음을 느낄 테니 말이다.

2) 빠른 업무 속도

스타트업이 일하는 속도는 매우 빠르다. 일반적인 회사에서 한 달을 준비하고 프로젝트를 런칭한다면, 스타트업에선 일주일만에 프로젝트를 런칭해 버린다. 빠른 실행 방식을 싫어한다면 다음과 같은 불만이 생길 수 있다.

첫째, 회사가 일을 대충대충 한다고 느낄 수도 있다. 실무자 입장에서는 프로젝트를 조금 더 완성도 있게 준비하고 싶은데, 빠른 실행을 중시하다 보니 준비가 덜 되었더라도 후다닥 실행해 버린다. 만약 업무 완성도를 중요하게 생각하는 실무자라면 굉장히 만족도가 떨어질 것이다.

둘째, 주먹구구식 업무 처리에 불만을 느낄 수도 있다. 빠른 실행을 중시하다 보니 절차나 체계를 가다듬는 게 아니라 주먹구구식으로 일을 하는 경우가 많다. 그게 훨씬 빠르고 효율적이기 때문이다. 중요한 안건도 제대로 된 양식이나 절차도 없이 구두口頭로 말하고 끝내 버린다. 어떨 때는 회사가 아니라 동아리처럼 느껴진다. 만약 체계와 절차, 안정적인 구조를 중요시하는 사람이라면 스타트업을 떠나고 싶어질지도 모른다.

3) 성과에 대한 책임

스타트업은 프로젝트를 빠르게 실행하기 위해서 구성원

개개인이 갖는 권한도 크다. 대표나 상사에게 보고를 올려서 실행하는 게 아니라, 실무자가 스스로 판단해서 바로 일을 처리한다. 권한이 많이 주어지는 만큼 일의 결과에 대한 책임감도 더 느낄 수밖에 없다. 어느 날은 이런 생각이 들 수도 있다. '이렇게 중요한 걸 내가 결정해 버려도 되는 건가······?'

특히 성장과 성과에 민감하고, 빠르게 성장하려는 스타트업 안에서 실무자의 성과 부담은 생각보다 더 크다. 만약 권한과 책임을 갖고 주도적으로 업무를 처리하는 것보다 시키는 일, 주어진 일만 잘 해내고 싶은 사람이라면 스타트업 환경이 괴로울 수 있겠다. 물론 모든 스타트업이 그런 건 아니다. 한 스타트업 안에서도 직급, 직무에 따라 다를 수 있다.

스타트업의 다섯 가지 특징

스타트업에 대한 정의는 명확한 기준이 없어서 나라마다 쓰임이 다소 다르다. 국내에서는 '설립한 지 오래되지 않은 신생 벤처기업[3]' 정도의 의미로 쓰인다. 이번 파트에서는 최대한 스타트업의 특징은 무엇인지 풀어내 보고, 스타트업 업계의 트렌드를 이야기하려고 한다.

스타트업은 기존 방식과 다르게 혁신적인 솔루션으로 빠

르게 성장하고자 하는 기업이다. 빠르게 성장하기 위해 스타트업은 기민하게 움직이고 실험과 도전을 두려워하지 않는다. 그래서 스타트업은 구성원 한 명, 한 명이 능동적이고 진취적으로 역량을 발휘해야 한다.

1) 혁신적인 솔루션

: 기존 시장과 차별화된 방법으로 혁신한다.

스타트업이 일반적인 중소기업이나 소상공인과 다른 점은 무엇일까? 흔히 말하는 치킨집 창업이나 점포 창업을 전부 포함하여 스타트업이라고 부르긴 어려울 것이다. 스타트업은 기존의 방식과 다른 방식으로 도전한다는 점에서 여타의 창업과 다르다. 고도화된 기술을 기반으로 차별화된 제품을 개발하거나, 비즈니스 모델 자체를 기존과 완전히 다른 방식으로 혁신했을 때 스타트업이라고 불리곤 한다.

예를 들어 화덕 피자를 만들어 파는 '고피자GOPIZZA⁴'라는 스타트업이 있다. 우리가 흔히 볼 수 있는 피자집 중 하나다. 하지만 고피자는 피자에 대한 고정관념과 기존 방식을 깨고자 했다. 피자는 혼자 먹기엔 너무 비싸고 커다랗기 때문에 혼자서는 먹기 힘들다는 고정관념이 있었다. 그래서 값이 싸고 작으며, 빨리 조리되어 혼자서도 쉽게 먹을 수 있는 피자를 팔기 시작한 것이다.

피자의 크기를 줄이되 값을 함께 낮췄고, 작은 피자를 빠르게 구워 내기 위한 자동화덕을 자체 개발했다. 창업 초기에는 푸드트럭으로 시작했기 때문에, 그들은 단 한 명의 인원으로도 피자를 생산해 낼 수 있도록 운영 방식을 최적화했다. 그래서 지금은 단 $3.3m^2$의 공간만 있으면 자체 개발한 자동화덕을 통해 혼밥러를 위한 피자를 만들어 낼 수 있다고 한다.

누구나 쉽게 접근할 수 있는 '피자'라는 단순한 아이템을, 타깃을 차별화하고 운영 방식을 기존과 다르게 혁신하여 스타트업으로서 투자를 받았다. 이렇게 스타트업은 기존과 다른 방식을 추구하며, 제품이든 운영 방식이든 무엇이든 혁신한다.

스타트업이 혁신적인 방법을 택하는 이유는 빠르게 성장하기 위해서다. 이미 식품, 생필품, 패션 등 기존의 산업군은 시장에 상품이 포화 상태다. 그러나 스타트업은 대기업처럼 많은 자원을 가지고 신사업을 시작하는 게 아니기 때문에 기존과 다른 방법을 찾을 수밖에 없다. 그래서 후발주자로서 혁신을 꾀한다.

2) 성장, 성과 중심

: 스타트업은 성장하기 위해 성과에 온전히 집중한다.

스타트업은 그냥 돈을 버는 게 아니라, 빠르게 버는 게 목적인 조직이다. 빠르게 성장하지 않고 그냥저냥 입에 풀칠하면서 사는 게 마음 편하다면 혁신적인 방식이 아니라, 이미 검증된 기존 방식들을 따라서 창업을 하면 된다. 그러나 스타트업은 후발주자로서 빠르게 성장하는 방법을 택한 기업이다.

그래서 대부분의 스타트업들이 조직 구조부터 문화, 사업 방식까지 전부 성과를 만들어 내기 위해 다듬는다. '성과'라는 지상과제를 설정하고 쉼 없이 뜀박질하는 게 스타트업이다. 안전 제일주의인 사람에게 이만큼 고통스러운 환경이 있을까?

스타트업의 방식은 세상을 혁신하는 일이기도 하다. 밀레니얼 세대가 괜히 스타트업에 매력을 느끼는 게 아니다. 스타트업은 기존의 낡고 진부한 시장에 혁신적인 제품과 서비스를 내놓고 현대인들의 삶을 빠르게 혁신해 나가고 있다. 예를 들어 토스[5]가 금융 시장을 혁신하는 모습을 보라. 공인인증서와 보안 프로그램들의 불편함을 '간편 송금 서비스'를 통해 혁신했다. 이러한 행보가 기존의 기업이나 기관도 따라올 수밖에 없게 만들었다. 사회 혁신에 동참하고 싶은 밀레니얼 세대가 스타트업에 매력을 느끼는 건 자연스러운 현상이다.

3) 린 스타트업Lean Startup

: 성과를 위해 불필요한 것들은 치우고, 빠르게 움직인다.

린 스타트업은 스타트업 업계에서 이제 상식처럼 되어 버렸다. 스타트업의 채용 공고에도 '린하게' 일하는 사람을 뽑는다는 문구가 밥 먹듯이 등장한다. 린하다는 것은 '기름기를 쫙 뺀, 군살이 없는'이라는 뜻으로 해석할 수 있다. 비즈니스적으로 말하자면, 불필요한 요소들을 제거하고 효과적으로 사업하는 방식을 말한다. 사업에서 '린하게' 일한다는 걸 쉽게 표현하면 다음과 같다.

> "빠르게 시장에서 테스트하고, 고객의 피드백을 반영하여, 다시 빠르게 시장에서 테스트한다."

스타트업은 기존에 없던 솔루션(제품 또는 서비스)을 내놓기 때문에 시장에서 솔루션이 정말로 통하는지 아닌지 빠르게 검증하는 게 가장 중요하다. 이를 PMFProduct-Market Fit, 제품-시장 적합도를 찾는다고 한다. 주야장천 몇 개월 동안 사무실에 앉아서 내 머릿속에서만 잘 팔리는 제품을 만드는 게 아니라, 겉보기에는 조잡하더라도 빠르게 시장에 내놓아서 고객의 객관적인 피드백을 반영하는 게 낫다. 이게 스타트업의 '린한 방식'이다.

스타트업에서 일하게 된다면 이렇게 빨리 프로젝트를 기획하고 시장에서 실험, 검증하며 일하게 될 것이다. 그러니 업무 속도가 굉장히 빠르다. 또한 업무 성과가 빠르게 드러나

기 때문에 결과에 대한 부담도 크다. 그 부담보다는 성과를 만들어 내는 게 즐거운 사람이 스타트업에 잔뜩 모여든다.

4) 구성원 중심의 문화

: 그래서 구성원 개개인의 비중이 크다.

제품을 시장에서 빠르게 테스트하려면 어떻게 해야 할까? 경영진이 여러 단계의 보고를 거쳐서 정보를 수집하고 사업 방향성을 결정해서 다시 실무자에게 업무 지침을 내리는 상명하복 방식으로는 어렵다. 결정과 실행이 너무 오래 걸리기 때문이다. 그래서 많은 스타트업이 실무자에게 권한을 위임한다.

권한 위임과 수평적인 조직 문화가 스타트업의 대표적인 특징이다. 실무자가 빠르게 의사 결정을 하려면 스스로 팀장이나 CEO와도 편하고 빠르게 의사소통할 수 있어야 한다. 그래서 호칭도 편하게 부르거나 수평적인 문화를 만들려고 노력한다.

이런 문화의 장점은 다른 폐쇄적이고 위계적 조직에 비해 자율성이 높고 더 많은 권한 범위의 업무까지 경험해 볼 수 있다는 점이다. 하지만 단점으로는 일개 직원임에도 성과에 관한 막중한 책임감을 느낀다는 점이 있다.

5) 문제 해결자

: 능동적이고 진취적인 사람이 모여 있다.

스타트업에서는 어떤 사람이 적응을 잘할까? 능동적이고 진취적인 '문제 해결자'가 스타트업에 잘 어울리는 편이다.

업의 특성상 체계도 부족하고, 정해진 업무 외에 다른 일까지 해야 하는 경우도 많다. 직원이 빠르게 늘어나도 항상 새로운 문제들이 발생한다. 회사도 업무도 하루가 다르게 변하는 상황에서 '변화가 두려운 사람'은 잘 적응할 수 있을까? 물론 상황에 따라 다르겠지만 통상 변화를 두려워하지 않고 능동적인 사람이 더 잘 적응할 것이다.

Never thinking "that's not my job".

'그건 내 일이 아니야'라는 생각은 절대 하지 마라.

− 넷플릭스Netflix의 조직 문화 중[6]

직원 모두가 우리 스타트업의 목표를 위해 쉼 없이 달린다. 그 안에서 문제가 발생했을 때 '그건 다른 팀이 해결해야 할 일', '경영진이 할 일'이라고 외면해 버리는 건 스타트업이라는 조직의 특징과 전혀 맞지 않다. 내가 치울 수 있는 쓰레기라면 빨리 치워 버리고 다 같이 성장하기 위해 몰입하는 게 스타트업 방식이다.

스타트업에서 일하고 싶다면……

정리하자면 스타트업은 빠르게 시장에 침투해서 성과를 내려고 발악하는 집단이다. 자기 힘으로, 팀원과 힘을 모아 시장에 직접 임팩트를 만들어 내고 싶어서 안달 난 사람들이 모인다.

지금의 안락함과 쾌적함보다는 조금 고생하더라도 성장하고 싶어서 능동적으로 일하는 사람들이 주로 스타트업에 들어간다. 모든 스타트업을 일반화할 수는 없겠지만 이 글에서 다루려는 것은 변화와 혁신을 선호하는 스타트업이다.

The riskiest thing is to take no risks.
가장 위험한 건 아무 위험도 감수하지 않는 것이다.
– 페이스북Facebook의 조직 문화 중[7]

3

스타트업에서
잘 적응하려면

취준생의 시야는 좁아진다

내가 취업 전선에 본격적으로 뛰어들었던 2016년 즈음에는 청년 실업률이 9.8%였다. 2021년인 지금도 상황은 크게 달라지지 않은 듯 보인다. 코로나 사태로 대부분의 채용 과정이 중단되었기 때문이다. 예나 지금이나 취준생(취업준비생)은 힘든 시기를 보내고 있다. 저성장과 불황의 시대에 '준비되지 않은' 취준생은 취업 자체와 싸우고, 다른 지원자와 싸우고, 주변 사람들의 기대와 관심과 싸운다.

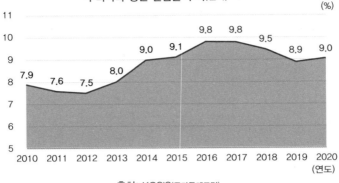

우리나라 청년 실업률 추이(전국)[8]

출처: KOSIS(국가통계포털)

취업 준비 기간이 길어지면 회사를 바라보는 시야가 좁아진다. 여러 회사에 지원했다가 떨어지는 경험이 반복되면 회사 자체에 기대하는 게 적어진다. 그 회사가 어떤 회사인지, 가치 있는 회사인지보다는 현실적인 기준(급여, 근무 시간, 복지 등)에만 맞으면 어느 회사든 지원하게 되는 것이다. 사실 탈락 경험을 반복하게 되면 지원할 때부터 회사에 대한 큰 기대를 안 하게 된다. 어디든 합격하기 위해 오히려 '직무'에 집중하고 '회사'에는 무신경해지는 길로 빠져들기 쉽다.

나도 취업 준비 기간이 길어질수록 어떤 회사를 들어가는지에 집중하는 게 아니라 직무 자체에만 집중했다. 교육이나 코칭, 인사 등 내가 하고 싶은 일을 할 수 있으면 어떤 회사를 가든 괜찮다고 생각했다.

그리고 첫 직장에 들어갔다. 입사하고 나서도 내가 무슨 회사에 다니는지는 크게 중요하지 않았다. 나에게 주어진 역할, 내 직무만 잘 해내면 될 거라고 생각했기 때문이다. 그러나 이러한 사고방식은 나를 금방 불행하게 만들었다.

직업윤리를 잃어버린 사회초년생이 겪는 일

입사하고 나서 한참은 또래 동료들과 회사 욕을 참 많이 했다. 이런 게 문제고, 저런 게 문제고, 연봉이며 업무 방식이며 모든 것들이 회사의 문젯거리였다. 그리고 대화의 결론은 항상 퇴사로 끝났다. '얼른 그만둬야지!'

그러다 문득 씁쓸해졌다. 언제부턴가 항상 투덜거리기만 하는 나 자신을 발견했기 때문이다. 불만이 많은 사람은 어떤 환경이건 항상 불만만 늘어놓는다. 그리고 자기가 다니는 회사를 깎아내리는 것은 결국 스스로를 욕하는 것이나 다름없다는 생각이 들었다. 주변 사람에게 항상 '우리 회사 진짜 별로야'라고 말하는 나를 보며 다른 사람들은 무슨 생각을 했을까?

반면 나와 다르게 우리 회사에는 업무 만족도가 높은 경력직 동료도 있었다. 그는 일도 많고 힘든 환경에서 상대적으로 스트레스를 덜 받는 것처럼 보였다. 그가 회사에 대한 불평이나 문제 인식이 없는 건 아니었다. 어떨 때는 나보다 격하게 문제를 제기하고 회사와 싸우기도 했다. 그런데도 그는 다시 자신의 업무로 돌아와 일에 몰입하고 성장했으며 긍정적인 마음으로 회사를 다녔다.

그와 나의 차이점은 무엇일까? 같은 상황임에도 나는 불평하고 스트레스 받으면서 일하는데 그는 어떻게 더 현명하게 적응하고 있는 걸까? 그 차이점은 '직장(회사)'의 의미를 얼마나 고민했느냐에 달려 있었다.

중요한 건 직업윤리다. 내 삶에서 일이란 무슨 의미인지, 현재 다니는 '직장'이란 무슨 의미인지에 따라서 삶의 자세가 백팔십도로 바뀐다. 어떤 사람은 단지 돈을 벌기 위해 억지로 회사를 다니며 퇴근할 생각만 한다. 흔히 말해 '월급 루팡'이 되는 것이다. 반면 어떤 사람은 자신의 직무 커리어를 위해서 회사를 다닌다. 더 나아가 어떤 사람은 회사의 비전과 아이템에 공감해서 애정을 갖고 다닌다.

고민의 깊이가 깊은 사람은 자신이 회사에서 만들어 내는 결과물이 사회적으로 어떤 의미가 있는지 이해하고 더 잘 버텨 낸다. 직업윤리가 고차원적인 사람은 고난과 역경이 와도 그것을 넘어설 이유가 있기 때문에 똑같은 상황이라도 잘 이겨 낸다. 그리고 성장한다.

다음 직업윤리의 네 단계 중 당신은 어디에 해당하는가?

1단계 직장은 단지 돈을 벌기 위한 수단이다.

2단계 이 직장은 내 분야의 커리어를 위한 단계이자 수단이다.

3단계 이 회사가 나아가는 방향에 공감하며 공동의 목표를 함께 이루고자 한다.

4단계 내가 기여하는 이 회사의 방향과 결과물이 사회적으로 의미 있기를 바란다.

물론 직장을 돈을 벌기 위한 수단으로 여기는 것이 잘못된 건 아니고, 오히려 대부분의 상황에서 더 현명한 생각일 수 있다. 다만 '스타트업'에서는 어울리지 않는다는 것이다. 스타트업에서는 직업윤리가 굉장히 중요하다. 왜냐하면 절벽에서 뛰어내린 다음에 비행기를 만드는 식의 스타트업에서 직장을 고작 수단으로만 생각하면 버틸 수가 없기 때문이다. 매일 처음 겪는 업무를 경험하고, 업계 전체를 봐도 사수가 없고, 자기 스스로 문제를 해결해야 한다. 빨리 퇴근할 생각만 하는 사람은 힘들어서 버틸 수가 없다.

회사가 돈을 번다는 것의 의미를 이해한다

사실 어느 회사에서든 더 건강하게 직장 생활을 해내려면 업의 본질을 고민해야 한다. 이를 위해선 사회초년생의 좁아진 시야를 더욱 넓힐 필요가 있다. 돈을 번다는 행위, 회사가 돈을 번다는 의미 자체에 대해 더 넓은 관점에서 바라보면 어떨까.

회사가 돈을 번다는 건 무슨 의미가 있는가. 비즈니스라는 것은 좋은 제품이나 서비스를 만들어서 고객에게 효용을 주고 그에 맞는 돈을 받는 행위다. 그러니까 모든 비즈니스는 누군가에게 가치를 더해 주는 행위다. 우리가 상식적으로 이해할 수 있는 대부분의 비즈니스라면 누군가의 만족감과 행복을 높여 주고, 그에 맞는 돈을 받는다. 즉, 회사가 돈을 번다는 건 누군가를 만족스럽게 만드는 일이다.

내가 회사에 들어간다는 건 누군가를 더 만족스럽게 만드는 일에 기여한다는 의미다. 비록 그게 사소할지라도 말이다. 단순히 생계를 위해 돈을 벌려고 취업한다는 마음가짐보다는 내가 하는 일이 사회에 어떤 영향을 끼치는지 아는 게 훨씬 성숙하다.

만약 내가 맡은 일이 사업에 직접적으로 연관이 없는 경영 지원이나 사무행정 업무라 할지라도 마찬가지다. 내가 속한 회사가 가치를 만들어 내기 위해 어떤 역할이 필요하고, 내가 어떤 역할로 기여하고 있는지 이해한다면 마음가짐이 달라진다. 의미 부여는 스스로 하는 것이다. 우리 회사가 어떤 미션이 있고, 어떤 일을 하는지 명확히 알고 있는 사람은 일의 동기 부여의 수준이 다르다.

예를 들어 난 교육 전문 스타트업에 입사했었다. 내가 처음에 맡은 업무는 강의에 필요한 물품들(A4용지, 펜 등)을 챙기거나 강의실 테이블 배치를 옮기는 일이었다. 출석부나 만족도 조사 같은 자잘한 서류 작업도 많았다. 맡은 업무만 보면 단순해서 누구나 할 수 있고 귀찮은 업무다. 그래서 처음에는 자질구레한 일만 잔뜩 하는 게 피곤하고 지치기만 했다.

그러나 시간이 지나며, 우리 교육을 듣는 수강생들의 얼굴이 매주 달라지는 걸 지켜봤다. 그리고 '좋은 교육을 제공해 줘서 고맙다'는 후기를 들을수록 생각이 달라졌다. 그뿐이 아니다. 우리 교육을 듣는 수강생들은 사회 문제를 해결하기 위해 소셜 벤처*를 창업하는 창업가들이었다. 그들을 교육하는 것 자체가 사회적으로 정말 가치 있는 일이었다. 창업가들이

---

* 소셜 벤처Social Venture: 사회 문제를 해결하기 위해 기존과 다른 방식의 비즈니스적인 솔루션을 만들어 내는 벤처 기업을 뜻한다.

하루하루 사업을 발전시키는 모습을 보면서 사소한 업무라도 사명감을 갖고 일할 수 있었다.

특히 스타트업은 기존에 없던 새로운 무언가를 만드는 경우가 많다. 단순히 조건에 맞는 아무 회사를 골라서 취업했다고 생각하지 말고, 무언가 의미를 만들어 내는 회사에 다닌다고 생각한다면 직장 생활이 달라진다. 그 의미는 스스로 찾아야 한다.

직장 생활의 가치를 스스로 찾고, 만든다

아래와 같은 질문에 답을 찾아가면 좋겠다.

- 회사는 어떤 제품 또는 서비스(가치)를 만들어 내는가?
- 그것은 고객에게 어떤 만족을 주는가?
- 회사는 시장에서 어떤 역할을 수행하는가?
- 내가 하는 일은 회사 전체의 업무에서 어떤 역할을 담당하는가?
- 내가 하는 일은 사회적으로 어떤 의미가 있는가?
- 지금 하는 활동은 궁극적으로 내가 이루고 싶은 일에 어떤 도움을 주는가?

단, 오해하지는 말자.

1) 억지로 애사심을 가지라는 말이 아니다

회사에 충성심, 애사심을 가지라는 말은 아니다. 회사와 나의 관계는 계약 관계일 뿐이다. 그러나 적어도 내가 직업인으로서 일을 할 때, 그 일이 어떤 의미가 있는지 정도는 성숙한 수준으로 이해하자는 것이다.

종종 근로자가 회사 입장에서 회사를 옹호하는 듯한 발언을 하면 '사측이다, 노예 근성이다'라고 비난하는 사람들이 있다. 그런 부류가 건강한 조직 문화를 망친다. 국가나 사회에 대해서도 마찬가지고 직장 생활에서도 마찬가지다. 건강한 비판의식을 가지고 문제를 해결하기 위해 노력해야겠지만, 그렇다고 해서 자신이 하는 일의 가치를 스스로 평가절하하지 말자는 게 요지다.

2) 꾸준히 관심을 갖는 게 중요하다

직장 생활을 시작하면 바빠지기 때문에 내가 맡은 업무에만 매몰되기 쉽다. 다른 사람이 무슨 일을 하는지, 회사가 어떻게 돌아가는지 관심 가질 여유도 사라진다. 하지만 내가 회사에서 어떤 역할을 수행하는지, 지금 당장의 작은 과업들이 전체 프로젝트에 어떤 영향을 끼치는지 체감하기 위해선 꾸준히 관심을 가져야 한다.

머리로만 아는 건 아무 소용이 없다. 하루하루 내 노동의 가치를 실제로 체감하려면 노동의 결과물이 어떻게 쓰이는지 알아야 한다. 그래서 경력직 직장인 중 많은 사람들이 회사를 욕하면서도 사업이 어떻게 돌아가는지, 회사의 방향성이 어떻게 바뀌었는지, 경쟁사와 어떻게 경쟁하고 있는지 등등 회사의 동향을 꾸준히 모니터링한다.

3) 고객을 직접 만나 보는 것이 가장 좋다

고객을 대면하지 않는 직무가 많다. 인사, 회계, 프로그래밍, 디자인 등 기능 직무는 일하면서 고객을 만나기 어려운 자리다. 그러나 내 일의 가치를 체감하는 가장 좋은 방법은 우리 회사의 제품 또는 서비스를 실제로 구매한 고객의 목소리를 듣는 것이다. 내가 어떤 식으로든 기여한 제품 또는 서비스가 고객에게 어떤 효용을 주는지, 만족하는지 아닌지 확인하는 것도 동기 부여에 도움이 된다. 나라는 사람의 노력이 어떤 식으로든 누군가에게 영향을 끼치고 있기 때문이다.*

---

* 고객을 만나는 방법은 **Part 2** 의 '5. 스스로 번아웃 탈출하는 법, 회사의 밸류 체인 파악하기'에서 조금 더 자세히 풀어 보겠다.

☑ 챕터 요약

스타트업의 다섯 가지 특징
❶ 혁신적인 솔루션
❷ 성장, 성과 중심
❸ 린 스타트업
❹ 구성원 중심의 문화
❺ 문제 해결자

스타트업은 스스로 나서서 문제를 해결할 줄 아는 문제 해결자를 찾는다. 직장 생활의 의미를 스스로 만드는 게 중요하다. 이를 위해 다음과 같은 것들을 고민해 보자.

1. 회사의 가치
◦ 회사는 어떤 제품 또는 서비스(가치)를 만들어 내는가?
◦ 그것은 고객에게 어떤 만족을 주는가?
◦ 회사는 시장에서 어떤 역할을 수행하는가?

2. 내 업무의 가치
◦ 내가 하는 일은 회사 전체의 업무에서 어떤 역할을 담당하는가?
◦ 내가 하는 일은 사회적으로 어떤 의미가 있는가?
◦ 지금 하는 활동은 궁극적으로 내가 이루고 싶은 일에 어떤 도움을 주는가?

PART 2

스타트업에서
살아남으려면
무엇부터 해야 할까?

: 사수 없이 스스로 적응하는 방법

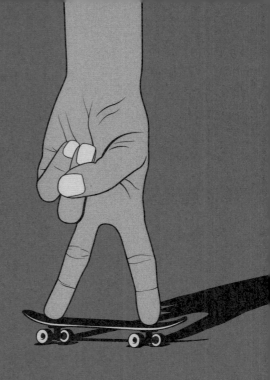

스스로 알아서 일을 익혀야 한다는 건 어느 정도 예상했다. 그런데 외국에 온 것처럼 말이 안 통할 줄은 예상하지 못했다. 회의 시간에 무슨 용어들을 쓰며 대화하는데 도통 알아들을 수가 없었다. 사수도 없는 마당에 대체 어떻게 해야 당장 눈앞에 주어진 업무들을 처리해 낼 수 있을까? 눈앞이 깜깜했다.

스타트업에 입사했다. 어떻게 적응할 것인가?

회사와 나를 동기화시켜라

아래 방법들은 스타트업에 적용하기 위해 직접 해봤던 방법이다. 주니어가 아니더라도 모든 직장인에게 도움이 될 거라 확신한다.

❶ **커뮤니케이션**Communication 일단 업무 용어를 알아들어야 한다.

❷ **레버리지**Leverage 활용할 수 있는 자원이 있는지 찾는다.

❸ **노우웨어**Know-where 누구에게 어떤 도움받을 수 있는지 알아 둔다.

❹ **밸류 체인**Value Chain 내가 맡은 일이 어떤 의미가 있는지 맥락을 파악한다.

스타트업에 입사하고 나서 위 순서대로 차례대로 실천했다. 먼저 회사 사람들이 뭐라고 하는지 알아들을 수가 없으니 업무 용어들을 공부했다. 그러고 나서는 회사 자체에 대해 공부했다. 회사가 지금까지 무엇을 해왔는지 알아보기 위해 기존 자료들을 열어 봤고, 현재 무슨 일이 돌아가고 있는지 알고 싶어서 동료들의 현재 업무를 파악했다.

그다음으로 회사와 관계된 파트너 기업, 경쟁사, 고객 등 시장에 대해서 알아봤다. 전체 시장 구조 안에서 우리 회사가 어떤 역할을 하고 있는지 파악하기 위해서다. 작은 부분부터 큰 시장의 영역까지 차근차근 회사에 대해 공부한 셈이다. 핵심은 내가 맡을 업무에 대해서만 공부할 게 아니라 '회사 자체에 대해서 공부한다'는 것이다.

여기까지 마치고 나면 어느 정도 나와 회사가 동기화가 된다. 이 말은 회사의 목표를 알고 그 안에서 내가 어떤 역할을 맡았는지 이해한다는 뜻이다. 뒤에서 계속 얘기하겠지만 이 모든 작업들은 회사를 위해서가 아니라 주니어로서 나 자신에게 도움이 되도록 짜여 있다. 회사와 나를 높은 수준으로 동기화시키면 번아웃burnout⁹될 가능성이 줄어들고, 업무 만족감이 높아진다. 그리고 전체 시장의 관점에서 일하기 때문에 업무 퀄리티Quality도 자연스럽게 높아진다. 그냥저냥 마음

편하게 다니는 거라면 상관없겠지만, 스타트업 안에서 성장하고 싶다면 회사와 나를 동기화시키는 것만큼 좋은 게 없다.

하지만 이전 파트에서 이야기한 것처럼, 스타트업에서 위와 같은 동기화 과정을 지원해 주지 못하는 경우가 많다. 우리가 흔히 조직에 큰 마찰이나 비용 없이 부드럽게 적응하는 것을 '소프트랜딩soft-landing'이라고 하는데, 규모가 작을수록 제대로 된 소프트랜딩 절차를 갖춘 기업이 적다.

그러니까 앞으로 이야기할 것들은 최악의 하드랜딩hard-landing 조건을 전제로 주니어 개인 차원에서 할 수 있는 일을 적어 두었다. 하드랜딩이라 함은 부드럽지 않지만, 빠르게 실무에 부딪혀 보며 적응하는 방식이라고 할 수 있겠다. 물론 하드랜딩하지 않더라도 어차피 시간이 지나면 시행착오를 거치며 적응하게 되어 있다. 다만 시행착오를 줄이고 빠르게 적응하고 싶거나, 높은 수준으로 회사와 동기화하고 싶다면 본 파트를 잘 읽어 주길 바란다.

☑️ 챕터 요약

회사와 나를 동기화시키는 4단계
❶ **커뮤니케이션** 일단 업무 용어를 알아들어야 한다.
❷ **레버리지** 활용할 수 있는 자원이 있는지 찾는다.
❸ **노우웨어** 누구에게 어떤 도움받을 수 있는지 알아 둔다.
❹ **밸류 체인** 내가 맡은 일이 어떤 의미가 있는지 맥락을 파악
한다.

2

천리길도 '옹알이'부터, 업무 커뮤니케이션 독학하기

무슨 말인지 하나도 모르겠어!

Lean, Agile, Silo, R&R, MECE, Pivot, KPI, OKR, Align, IR, MVP, VP, PMF, Persona, Leverage, Wrap-up, Kick-off, due date, As-is, To-be, Town hall meeting, Scrum ……

스타트업에 입사하고 첫 회의에 들어갔을 때 정말로 당황스러웠다. 대화의 속도가 그렇게 빠른 편도 아닌데 대화를 따라가기가 힘들었기 때문이다. 뜻을 몰라서 의미를 문맥상으로만 파악해야 하는 생소한 용어들이 계속해서 등장했다. 상단의 영어 표현들뿐만 아니라 회사 프로젝트 이름도 처음 듣고, 회사에서 쓰는 협업 프로그램 이름도 모르는 상황인지라 눈만 끔뻑거렸다. 나름 공책이나 노트북에 들리는 대로 받아 적지만 완성되지 못한 단어들만 나열하다가 회의가 끝나게 되곤 한다. 그게 스타트업에 입사하면 가장 먼저 겪게 되는 경험 중 하나다.

갓 입사했기 때문에 모르는 게 많은 건 당연하다. 그런데 진짜 문제는 '내가 무엇을 모르는지조차 모르는 것'이다. 그래서 사수나 주변 팀원이 날 도와주기 위해 궁금한 것을 물어보라고 해도 물어볼 게 딱히 없는 경우가 많다. 무엇을 물어봐야 할지도 모르기 때문이다! 특히 난감한 경우는 물어보고 싶어도 내가 물어보려는 게 뭔지 용어를 제대로 몰라서 물어보지 못할 때가 많다는 거다.

A 아까 팀장님이 알앤…… 뭘 나누라고 했는데 그게 뭔지 모르겠어요.

B 알앤? 뭘 말하는 거야?

A 저도 모르는데요…… 알…… 뭐시기…….

B 알앤알R&R?

A 네, 그거요!

사실 업무 용어를 못 알아듣는 문제는 시간이 얼마든지 해결해 줄 수 있다. 대충 앞뒤 맥락에 맞게 이해하면 의미를 유추할 수 있고, 팀원들과 대화하다 보면 하나둘 알게 된다. 그럼에도 용어집을 만들어 업무 용어를 공부하는 게 꼭 필요하다.

현실적으로 용어집이 필요한 이유를 세 가지로 정리해 보았다.

1) 암기해야 써먹는다

단순히 남의 말을 듣고 이해하기만 할 게 아니라, 내가 직접 말하고, 업무에 써먹으려면 외워야 한다. 외우지 않으면 적절한 순간에 그 단어를 생각해 낼 수가 없기 때문이다.

언어를 생각해 낸다는 건 그 표현에 담긴 개념과 의미를 이해한다는 걸 뜻한다. 제대로 이해했으면 일할 때 그 개념과 의미를 써먹을 수 있다. 예를 들어 나에게 가장 큰 영향을 끼친 용어가 '레버리지'라는 단어다. 뒤에서 자세히 이야기하겠지만 간단히 말하자면 '남의 노력을 통해 나의 업무 효율을 높이는 것' 정도로 설명할 수 있다. 레버리지라는 단어를 알기 전에는 업무를 효율적으로 한다는 생각 자체를 잘 못했다.

예를 들어 보고서를 처음 작성하게 되었는데 어떻게 시작할지가 너무 막막했다. 그때 누군가는 그냥 '이전에 있던 보고서 참고해서 써'라고 얘기했다. 그런데 비슷한 일로 다른 사람에게 조언을 구했을 때, 그는 '이전에 있던 자료를 레버리지해'라고 조언했다. 전자의 경우, 그냥 기존에 있던 것을 보고 쓴다고 생각했을 때는 '역시 이 회사 체계가 없어'라고만 불평했는데, 레버리지 단어로 표현하니 내가 활용할 수 있는 자원을 통해 업무 효율을 높인다는 개념을 알게 되었다.

그날 이후로 나는 무슨 작업을 하든지 간에 기존의 자료, 내가 활용할 수 있는 자료, 다른 사람의 노력 등을 활용해서 업무 효율을 높이는 방법에 대해 항상 신경 쓰게 되었다. 이번 책의 내용들도 전부 그러한 맥락에서 떠올리게 된 노하우들이다.

단어를 대충 맥락만 이해하고 넘어갔다면 '레버리지'라는 단어의 뜻과 의미에 대해 몰랐을 것이다. 용어집을 만들어서 단어에 담긴 개념과 의미를 공부했기에 제대로 알게 되었다.

2) 무엇을 모르는지 더 찾기 위해서다

그냥 앞뒤 맥락만 듣고 이해하면 나중에 같은 단어라도 사람마다 다르게 이해하고 있을 수 있다. 특히 똑같은 용어라도 각 회사마다 쓰는 맥락이 다를 수가 있으니 조심해야 한다. 어느 회사에서는 린하게 일하라는 게 '기름기 쫙 빼고 효율적으로 일해라'는 뜻일 수 있고, 다른 회사에서는 '시장에 제품을 빨리 론칭하자'라는 것일 수 있다. 비슷한 맥락인데 업무 지시를 잘못 알아듣게 될 여지가 분명히 있다는 말이다. 하지만 용어집을 따로 만들어 놓으면 평소에 대충 이해하고 넘어갔을 단어라도 다시 한 번 생각해 보게 된다. 머리로만 이해하는 것과 그것을 나의 언어로 다시 정리하는 건 전혀 다른 종류의 일이다.

또한 용어집을 따로 만들기 시작하면 항상 '모르는 단어'를 주시하게 된다. 내가 잘 모르는 단어가 들려왔을 때 무의식적으로 곧장 '용어집에 정리해야지'라는 생각을 하게 되고, 내가 모른 채로 지나갔을 지식들도 습득하게끔 행동으로 이어진다. 노트에 이쁘게 정리하려고 용어집을 만드는 것은 분명히 아니다.

3) 시간을 정해서 물어볼 수밖에 없다

다들 바쁜 와중에 매번 사소한 질문까지 하나하나 물어보기는 어렵다. 회의 도중에 모르는 단어가 들릴 때마다 옆사람에게 귓속말로 물어볼 수도 없는 노릇이다. 아직 친하지 않은 팀원들 사이에서 거기에다 바쁜 얼굴의 팀원에게 무언가 물어본다는 건 생각보다도 훨씬 어려운 일이다. 심지어 1년 이상 근무했을 때에도 '나 무지막지하게 바쁘다'라는 얼굴을 하고 있는 동료에게 질문하거나 부탁하는 건 꽤나 부담된다.

그러니 궁금한 게 있다면 최대한 모아 놨다가 업무에 방해가 가지 않도록 한꺼번에 물어보는 게 배려이기도 하다. 특히 업무 용어는 굉장히 사소한 질문이기 때문에 나는 출근한 직후나, 점심시간, 쉬는 시간, 퇴근할 즈음에 몰아서 물어보곤 했다.

구체적으로 용어집은 어떤 방식으로 정리하는 게 좋을까?

TIP 1 **모든 팀원이 접근할 수 있는 온라인 툴을 활용한다**

입사 초기에 나는 용어집을 만들지 않았다. 별도의 용어집이 있는 게 아니라, 매일 그날의 업무 일지를 정리했고 모르는 용어가 있으면 같이 적어 놓았다. 하지만 하루 이틀이 지나고 모르는 용어가 점점 많아질수록 이전에 적어 놨던 용어의 뜻을 찾기 위해 수일 전의 업무 일지까지 한참 뒤적이게 되었다. 그래서 용어집의 필요성을 느끼고 따로 파일로 만들어 관리하기 시작했다.

용어집도 처음엔 혼자서 엑셀 파일로 만들어 정리했다. 그러다 나중에는 팀원들 모두가 보고 수정할 수 있도록 공동 작업이 가능한 구글 스프레드 시트Google Spreadsheet에 옮기게 되었다. 왜냐하면 신규 입사자가 아니더라도 팀원마다 업무 용어에 대해 이해하고 있는 게 달랐기 때문이다. 오래 일한 사람들끼리도 똑같은 단어인데 전혀 다르게 이해하고 있었다. 그들도 모르는 용어가 있기도 하고 말이다. 비단 신입사원에게만 용어집이 필요한 건 아니라는 걸 알게 되었다.

용어집에 내가 모르는 용어들을 적어 놓고 팀원들이 뜻을 작성하도록 부탁했다. A라는 단어에 대해 각자 이해도가 다르기 때문에 가장 정확히 이해하고 있거나 쉽게 뜻을 설명해 줄 수 있는 사람한테 설명을 듣는 게 제일 좋다. 그래서 팀 전체에 용어집을 공유하고 같이 작성하기를 요청했다.

TIP 2 용례(사용 예시)를 같이 적는다

용어의 뜻만 적는 게 아니라 실제로 사용되는 표현들도 같이 적었다. 용어집을 만드는 이유가 결국엔 실무에서 써먹으려고 만드는 것이기 때문에 용례를 적어 두면 이해가 빠르다.

용어 개념이 완전히 생소하고, 그런 단어가 많을수록 이해하기 어렵다. 그래서 용례를 적어 두면 전후 맥락에서 어떤 의미로 사용되는지를 더 쉽게 이해할 수 있다. 신규 입사자들에게도 큰 도움이 될 것이다.

TIP 3 전사적으로 통일된 용어를 사용하여 브랜딩한다

처음엔 내가 모르는 용어들을 공부하기 위해 용어집을 만들었지만, 나중에는 사업적으로도 의미가 있었다. 예를 들어 내가 다녔던 스타트업에서는 어떤 제품을 배출하는 기기를 누구는 '디스펜서Dispenser'라고 불렀고 누구는 '디바이스Device'라고 불렀다. 하나의 문서에서도 용어가 다르게 쓰이는 경우가 생기자 읽는 사람이 헷갈리게 되었다. 이는 조직 내부에서 회의할 때에도 혼동이 생겼고, 조직 외부적으로도 고객이나 투자자에게도 혼란을 줬다.

그래서 전사적으로 계속해서 바뀌는 용어 사용에 대해 공동의 '용어집'을 만들어서 최신 버전을 누구나 확인할 수 있도록 했다.

TIP 4 상황에 따라 용어집이 필요 없을 수도 있다

스타트업마다 상황이 다르다. 굳이 용어집을 만들 필요가 없을 수도 있고, 용어집을 만들기엔 전문 용어들이 너무 많을 수도 있다. 그래서 각자 상황에 맞게 적용하면 좋겠다.

예를 들어 IT 스타트업에 들어갔을 때는 용어집을 만들기가 어려웠었다. 왜냐하면 프로그래밍 용어들이 너무나 많아서 하나하나 용어집을 만들기엔 공부할 게 너무 많아지기 때문이다. IT에 대한 배경지식이 전무한 직군에 있었던지라 처음엔 용어집을 만들려고 시도했다가 포기하고 말았다. 대신 그들 직군과 커뮤니케이션하기 위해 필요한 용어들만 선별해서 정리했던 기억이 난다.

책의 뒷부분에 부록으로 업무 용어들을 정리해 두었다. 스타트업에서 자주 쓰이는 업무 용어들을 잘 알아 둔다면 적응하는 데 큰 도움이 될 것이다.

☑ 챕터 요약

용어집을 만드는 이유

❶ 잘 알아듣고, 잘 써먹으려고.

❷ 무엇을 모르는지 쉽게 찾아진다.

❸ 모르는 용어를 최대한 모아 놨다가 한 번에 물어보기 위해.

용어집 만들기 팁

❶ 모든 팀원이 접근할 수 있는 온라인 툴을 활용한다.

❷ 용례를 같이 적는다.

❸ 전사적으로 통일된 용어를 사용하여 브랜딩한다.

❹ 상황에 따라 용어집이 필요 없을 수도 있다.

회사 자원을 200% 활용하는 방법, 자료 레버리지하기

신입사원에게는 레버리지가 필요하다

신입사원이었던 내가 나중에는 신입사원 교육을 맡았던 적이 있다. 갓 입사한 사원이 알아야 할 정보들을 이것저것 찾아서 떨리는 마음으로 교재를 만들었다. 그러나 아무리 꼼꼼하게 필요한 정보들을 추린다고 해도 중요한 걸 놓치는 게 많았다. 그래서 내가 미리 준비한 내용보다 신입분들의 질의 응답에 답해주는 게 그들에게 더 큰 도움이 되었다. 입사할 때부터 신입사원 교육을 간절히 원했던 만큼 열심히 준비했지만 결과는 좋지 못했던 것이다. 돌아보면 이미 업무에 익숙해져서 신입에게 무엇이 필요했었는지 기억하지 못하기 때문이었다.

그래서 앞으로 신입교육 내용을 더 알차고 꼼꼼하게 준비해야 한다고 생각했다. 하지만 다른 팀원들의 의견은 달랐다. 현실적으로 신입사원에게 회사의 모든 정보를 전달할 수는 없고, 그렇게 많은 정보를 전달한다고 해도 신입사원이 소화하지 못한다는 의견이었다. 내가 입사했을 때를 떠올려 봐도 타당한 말이었다. 그래서 결국 신입사원 교육은 꼭 필요한 내용들로 간소화되었다. 규모가 작고 다른 할 일이 많은 스타트업일수록 신입사원 교육에 더 힘을 쏟기는 어려웠다.

지금은 일방향적인 교육을 늘리는 게 아니라, 신입사원이 스스로 회사의 정보들을 쉽게 찾아볼 수 있도록 정보 체계를 정리한다. 어차피 모든 걸 완벽하게 알려 줄 수 없으니 회사의 모든 정보에 쉽게 접근하고, 이를 쉽게 이해할 수 있도록 미리미리 정리해 두는 것이다.

대부분의 다른 회사들 상황도 다르지 않다. 그래서 이번 파트에서 다뤄 보려는 내용은 신입사원에게 주어지는 부족한 교육과 정보의 한계 안에서 그들이 어떻게 회사에 적응할 수 있는가이다.

그 첫 번째가 회사의 기존 모든 자료를 열람하는 것이다.

만약 회사의 기존 자료들을 찾아보지 않으면 다음과 같은 시행착오를 겪게 된다.

1) 참고할 수 있는 자료가 있었는데 몰랐다

상사가 시킨 일을 '잘 해내려고' 애쓰는 주니어들이 자주 겪는 문제다. 주니어들은 회사에 입사하기 이전에 학교 과제를 할 때, 아르바이트나 인턴을 할 때 나름대로 갈고닦았던 일처리 실력을 총동원해서 혼자 문제를 해결하려고 한다. 회사나 상사, 동료에게 도움을 청해도 된다는 걸 모르고 부담스러워하기 때문에 일을 혼자 처리하려는 것이다.

한창 프로젝트에 처음 투입되어 고군분투하던 나도 그랬다. 프로젝트에 필요한 물자를 놓치지 않기 위해서 체크리스트를 새로 만들었다. 나름대로 노하우를 만들어 가면서 일을 잘하기 위해 노력했고, 이런 스스로가 뿌듯했다. 누가 시키지 않더라도 혼자 일을 더 잘하는 방법을 찾아서 해내고 있기 때문이었다.

하지만 지나가던 동료가 내 모니터를 슥 보고는 말했다. "이거 양식 이미 있는 건데?" 그러고는 지나가 버렸다. 회사에는 이미 잘 정리된 체크리스트 양식이 존재했던 것이다.

나는 생각도 못 했었다. 일을 받았을 때, 그냥 열심히 하려고만 했다. 어떻게 하면 프로젝트에 필요한 물자들을 빼먹지 않고 챙길지만 고민했지, 누군가 이미 그 고민을 했었다는 사실까진 생각도 하지 못했다.

나보다 일 잘하는 누군가가 훨씬 고도화된 양식으로 업무 체크리스트를 만들어서 이미 사용하고 있었다. 당연히 내가 만든 수준보다 압도적으로 좋았다. 그제야 알았다. 회사의 자료들, 누군가의 자료나 노하우들을 잘 파악해야 시간 낭비를 하지 않는다는 걸.

2) 이미 누군가 했던 일이다

그럼에도 불구하고 이미 누군가 했던 일을 반복하는 경우는 계속해서 발생한다. 문제를 한 번 겪어 봤기에 내가 같은 실수를 반복하지 않을 거라고 생각했는데 오산이었다. 2~3년 차 이상의 직장인들도 같은 실수를 계속 반복한다. 왜 그럴까?

기존 자료를 대충 찾아보고서는 아무 자료도 없다고 생각했기 때문이다. 대부분 자기 업무와 관련 없는 폴더에 파일이 들어 있는 경우가 많다.

스타트업에서 강의를 자주 했던 나는 회사의 교육 콘텐츠들을 숙지하기 위해, 각각의 내용들을 혼자 정리한 적이 있다. 혹시나 기존에 정리한 내용이 있는지 회사 공용 폴더를 찾아보기도 했지만 딱히 없었다. 교재나 특정 교육 프로그램의 커리큘럼 정도만 있고, 하나로 정리된 게 없어서 새로 정리했다. 그런데 나중에 다른 일로 회사 공용 폴더를 찾아보다가 엉뚱한 데서 이미 정리된 자료를 발견했다.

자료는 내가 생각지도 못한 곳에 있었다. 나랑 상관없는 프로젝트의 폴더 안이었다. 파일 제목도 생각했던 것과 달라서 아무리 검색해도 나오지 않았었다. 그 파일 안에는 정확히 내가 필요로 했던 내용들이 일목요연하게 정리되어 있었다. 또 헛수고한 것이다. 일하다 보면 이런 경우가 비일비재하다.

회사에 입사하면 어마어마한 기존 자료들이 쌓여 있다. 그 모든 것들을 훑어보는 게 비효율적이고 시간낭비라고 생각하는가? 그렇다면 당신은 몇 개월이 지나고 나서 위와 같은 실수를 매일 반복하면서도, 자기가 시간 낭비했다는 것조차 모르고 지낼지도 모른다. 이미 있는 자료를 열심히 만들고 있는 사람의 뒷모습을 보는 건 참 안쓰러운 일이다.

레버리지란 무엇인가?

영국 케임브리지 사전에서는 Leverage의 뜻에 대해 다음과 같이 설명한다.

- the action or advantage of using a lever*
- power to influence people and get the results you want**
- to use something that you already have in order to achieve something new or better***
- to use borrowed money to buy an investment or company****

이 외에도 레버리지가 사용되는 분야에 따라 다양한 의미를 갖는데 뉘앙스는 비슷하다. 보통은 금융에서 많이 사용되는데, 쉽게 이야기하면 빚을 내서 남의 돈으로 내가 돈을 버는 행위를 말한다. 수중에 100만 원밖에 없더라도 900만 원을 대출받아 도합 1,000만 원으로 더 크게 돈을 굴리는 것이다. 수익률이 똑같은 10%라고 해도 100만 원일 때는 10만 원밖에 못 버는 것을 1,000만 원일 때는 100만 원을 벌 수 있다. 투입된 돈이 많으니 벌어들이는 돈도 많아진다. 이를 업무에 적용하면 '남의 노력으로 내가 업무 효율을 높이는 것'이라 이해할 수 있다.

---

* 지렛대를 사용하는 행위나 장점.
** 사람들에게 영향을 주고 원하는 것을 얻을 수 있는 힘.
*** 새롭거나 더 나은 것을 얻기 위해 기존에 가지고 있는 것을 활용하는 것.
**** 투자나 기업 매입을 위해 빌린 돈을 활용하는 것.

스타트업 입사 초기에는 특히나 레버리지가 절실하다. 곧바로 실무에 투입되는 경우가 많기 때문에 회사에서 이전에 하던 방식을 빠르게 익혀야 한다. 누군가 알려 주길 기대하기도 힘들다.

주니어 때 많이 실수하는 게 회사의 방식이 아니라 자기 방식대로 일하는 것이다. 간단한 자료 조사를 하더라도 자료의 출처 링크를 함께 적어야 한다든지, 출처를 적는 방식이 회사마다 다를 수 있다. 그런데 회사 방식을 무시하고 별생각 없이 내 식대로 작업하면 일을 처음부터 다시 해야 한다. 그렇기 때문에 기존의 자료들을 참고하여 레버리지하는 게 좋다.

실제로 레버리지라는 용어는 이렇게 쓰인다

팀장   이번 주 금요일까지 기획안 PT자료 만들어 주세요.

신입   헉! 금요일까지요?

팀장   네. 어렵나요? 지난번 기획안 자료 있으니까 레버리지하면 금방 할 텐데.

신입   레버리지……가 무엇인가요?

팀장   전에 만들어 놓은 PT자료 있으니까 그거 참고해서 작성하시라는 이야기입니다.

신입　아……　네!

(며칠 뒤)

팀장　아직도 안 끝났어요?

신입　지금 하고 있습니다!

팀장　왜 이렇게 오래 걸리지? 한 거 봐봐요.

(PT자료를 훑어본다)

이거는 지지난달 기획안 PT자료에 비슷한 표 있을 텐데, 그거 복사해서 수정하면 되잖아요.

신입　아……　지지난달 자료요? 지난달 거만 봤었는데…….

팀장　(……) 그리고 이 부분은 도형을 왜 새로 만들고 있어요. 작년에 PT 작업했던 제안서 파일 보면 다 있으니까 그거 가져와서 쓰세요.

신입　제안서요? 제안서는 다른 팀 업무라서 찾아볼 생각을 못 했어요……!

팀장　레버리지하라는 얘기 못 들었어요? 이렇게 하나하나 새로 만들면 일 못 해요. 구글 드라이브에서 PPT 양식 파일들 다 검색해서 복사─붙여넣기 할 수 있는 것들 다 가져오세요. 그리고 ○○파트는 직접 만들지 말고 마케팅 팀에 만들어 달라고 요청하세요.

신입　넵……!

레버리지라는 개념을 제대로 알았더라면 조금 더 효율적으로 일할 수 있었을 것이다. 하지만 이 사례에서 신입은 레버리지를 제대로 이해하지 못하고 대충 넘어갔기 때문에 그 용어에 담긴 철학과 원리를 몰랐다. 단순히 팀장이 이야기한 대로 바로 직전의 기획안 PT자료만 참고했던 것이다. 하지만 레버리지는 이전에 누군가 만들어 놓은 자료든 뭐든 총동원해서 불필요한 나의 노력을 줄여 내는 일이다. 신입이 레버리지라는 개념을 알았더라면 직전 기획안 PT자료 외에도 활용할 수 있는 자원이 없는지 더 찾아봤을 것이다.

기존의 모든 자료를 열람한다

똑똑한 사람도 이런 실수를 한다. 나는 왜 이런 일이 반복되는지 오랫동안 고민해 보았는데 그 원인은 '나와 상관없을 거라고 생각했던 자료들은 전혀 신경 쓰지 않았기 때문'이라고 결론 내렸다.

어떤 세미나 행사를 위해 적절한 장소를 대관해야 하는 업무가 있다고 치자. 레버리지에 익숙하지 않은 사람은 인터넷에서 열심히 장소를 찾아보고, 전화하고, 답사하면서 장소를 물색한다. 그러던 어느 날 다른 팀의 업무 내용을 들었는데,

그 팀에서도 장소 대관이 필요해서 자체적으로 조사한 결과 ○○라는 장소를 선정했다는 것 아닌가? 다른 팀의 일이라고 해서 읽어 보지도 않고 내 업무에만 집중했는데, 만약 다른 팀이 무슨 업무를 진행하고 있는지 대충이라도 인지하고 있었더라면 헛수고할 필요가 없었으리라.

문제가 발생하는 건 '나와 상관없을 거라고 생각했던' 정보에 무관심했기 때문이다. 그렇다고 해서 매일매일 모든 정보를 하나씩 확인하고, 다른 팀 업무를 세밀하게 읽어 볼 필요는 없다. 다만 무슨 일을 하는지, 무슨 자료가 있는지 정도만 인지하고 있으면 된다. 정확히 기억할 필요 없이 어렴풋하게만 떠올려 내도 누군가에게 물어봐서 자료를 습득할 수 있다. 그래서 입사 초기에 기존 자료를 전부 다 열람해 보라는 것이다.

회사에서 신입사원을 위해 모든 정보를 완벽하게 알려 줄 수는 없는 노릇이다. 회사마다 알려 주는 정도가 다르기 때문에 우리는 개인 차원에서 할 수 있는 노력들을 알아야 한다. 그런 점에서 회사의 기존 자료들, 레버리지할 수 있는 자원들을 파악해 두는 건 일을 효율적으로 할 수 있는 훌륭한 노하우 중 하나다.

☑️ 챕터 요약

업무에서의 레버리지

다른 사람의 노력을 통해 나의 업무 효율을 높이는 것이다.

레버리지하지 않으면 생기는 일

문제 상황 ❶ 참고할 수 있는 자료가 있었는데 몰랐다.

문제 상황 ❷ 이미 누군가 했던 일이다.

입사 후 기존의 모든 자료를 열람하여 기초적인 레버리지를 확보
하라.

4

없던 사수 10명 만드는 법, 노우웨어 파악하기

누구에게 무엇을 물어볼 수 있는지 Know-where를 파악한다

'모르는 게 있을 때 누구한테 물어봐야 할까? 내가 하려는 업무에 도움이 될 만한 지식을 가지고 있는 사람이 있을까?'

보통 주니어 때에는 다른 사람의 지식과 정보를 활용해야 겠다는 생각을 못 한다. 새로운 환경에서 적응하며 뭐가 옳고 그른지, 내가 저 사람한테 도움을 청해도 되는 건지 아닌지를 모르기 때문에 그렇다. 만약 회사가 수직적이고 위계질서가 뚜렷한 조직이라면 더더욱 어렵다.

하지만 스타트업에선 오히려 질문을 많이 하는 게 낫다. 스타트업은 대개 수평적인 조직 문화를 지향한다. 물론 다 그런 것은 아니지만 많은 스타트업이 전략적으로 그렇게 한다. 시장에 빠르게 반응하기 위해서는 의사소통이나 의사 결정이 빨라야 하고, 이를 위해서는 실무진에게 많은 부분 권한을 위임해야 하기 때문이다. 여기서 '시장에 빠르게 반응한다'는 뜻은 제품을 빨리 팔아 보고, 고객들이 어떻게 반응하는지를 살펴보는 것이라고 이해하면 된다.

이렇게 권한을 위임받은 실무진이 빠르게 의사 결정하려면 유관 부서의 팀장이라든지, CEO 등 경영진과도 적극적으로 의사소통할 수 있어야 한다. 그래서 시장에 혁신을 일으키려는 스타트업들은 빠르게 성장하기 위해 수평적인 조직 문화를 지향한다.

스타트업에 갓 입사한 주니어라 할지라도 수개월 안에 타 조직보다 많은 권한을 떠맡게 될 가능성이 크다. 그러니 회사에 잘 적응하고 일을 잘 해내려면 의사소통을 두려워해선 안 된다. 다른 팀 동료에게 협력을 요청할 수도 있고, 팀장급 상사에게 궁금한 걸 자유롭게 물어볼 수도 있다. 그러려면 누가 무슨 자원(정보 또는 노하우 등)을 가지고 있는지 잘 알아야 할 것이다.

그러니까 우리는 누구한테서 도움을 받을 수 있는지 파악하고, 그들을 최대한 활용해야 한다. 오히려 신입사원이 아무것도 모르면서 자기 마음대로 일을 처리해 버리는 게 직장 상사 입장에서는 가장 무서운 일이다.

팀원의 역량을 이용한다

조직 구성원은 각각이 유기적으로 연결되어 상호작용하는 뇌세포와 같다. 각자가 따로 일하는 개별 직장인이 아니라 조직 안에서 상호작용하는 구성원이다. 이는 구성원과 구성원 사이의 교류, 상호작용, 협업이 단순한 선택사항이 아님을 시사한다. 조직으로서 살아남기 위해서는 각 구성원 간의 협업도 하나의 필수사항인 것이다.

그러나 조직에서는 Know-where를 파악하지 못해서 발생하는 문제들을 문제라고 인식하기 어렵다. Know-where를 파악하지 못하는 걸 '역량 부족'이라고 생각하지 않기 때문이다. 예를 들면 이런 식이다.

A팀 아, 정말 고민이네.

B팀 왜요?

A팀	아니, 이번에 프로그램 진행할 행사 공간을 찾아서 정리하고
	있는데, 마땅한 공간이 별로 없어서.
B팀	우리 팀에서도 지금 ○○프로그램 때문에 공간 알아본 거 있
	는데 줄까요?
A팀	진짜? 자료 좀 공유해 줄 수 있어?
B팀	네, 보내 드릴게요.
A팀	땡큐!

위 사례에서 A팀은 문제를 인지하지 못한다. 오히려 '우연하게' 좋은 정보를 얻게 되어서 기쁘다고 생각한다. 만약 두 부서가 처음부터 협력했더라면 옆 팀이 이미 알아봤던 공간에 대해서는 또 조사할 필요가 없이 시간을 절약했을 것이다. 그러나 똑같은 일을 서로 모른 채로 진행하고 있어서 두 배의 노력이 투입되었다. 회사 입장에서 본다면 심각한 비효율이고, 개인 입장에서 봐도 안 해도 되는 헛일을 한 셈이다.

이런 사례도 있다.

A팀원	바쁘세요? 요즘은 무슨 작업해요?
B팀원	저 요즘은 청소년 대상 교육 프로그램 짜고 있어요.
A팀원	어? 내가 좀 도와줄까요? 나 이전 직장이 청소년 교육회사
	였잖아요.

B팀원	헐, 정말요? 잘됐다. 지금 기획안 다 짜놨는데 한번 봐주실래요?
A팀원	봐봐요.
	(기획안을 훑어본다)
	음……. 이거는 이렇게 하면 안 되고…… 이거는 이렇게 하는 게 더 낫고…….
B팀원	다 바꿔야 하네요. 물어보길 잘했다! (웃음)

B팀원은 결과적으로 열심히 만든 기획안을 다 갈아엎게 생겼다. 그러나 오히려 다행이라고 생각한다. 애초에 처음부터 똑바로 만들었으면 불필요한 시간과 비용을 줄일 수 있었는데 말이다. 자신이 Know-where를 제대로 파악하지 못해서 발생한 문제이지만, 그것이 문제라는 사실을 인지하지 못한다.

문제가 발생하는 이유는 Know-where가 회사의 소중한 자원 중 하나라는 인식이 부족했기 때문이다. 이러한 인식은 앞서 이야기했던 직업윤리, 레버리지 등의 개념이 얼기설기 얽혀 있다.

팀 전체의 업무, 다른 팀의 동향, 회사의 방향에 신경 쓰지 않는 사람은 점점 더 자기 혼자 일한다. 주어진 일을 해내는 것밖에 신경 쓰지 않기 때문에 옆 사람에게서 어떤 도움을 취할 수 있는지, 협업을 어떻게 활용할 수 있는지에 대해서는 크게 고민하지 않는다. 만약 레버리지라는 개념을 명확하게 이해했다면 다른 사람의 노력을 이용하기 위해 주변으로 눈을 돌렸을지도 모른다. 하지만 단순히 레버리지를 '이전 자료 참고하는 것' 정도로 이해한 사람은 협업 또한 활용 자원이라는 인식까지 나아가지 못할 것이다.

Know-where는 관리되어야 하는 회사의 자원 중 하나다. 그러한 인식을 갖는 게 첫 번째로 할 일이다.

Know-where는 저절로 개발되지 않는다

요즘 IT기업에서는 한 프로젝트를 효과적으로 수행하기 위해 프로젝트에 필요한 각각의 기능 인력을 모아 팀 단위를 만들기도 한다. 제품 담당자, 서비스 기획자, 디자이너, 개발자 등이 모여 한 팀이 된다. 각자 자신의 파트를 전문적으로 다루면서, 한 팀 안에서 프로젝트와 관련된 커뮤니케이션이 원활하게 이루어질 수 있도록 배치했다.

이렇게 하면 한 팀 자체가 작은 회사처럼 운영되면서, 빠르게 신제품이나 서비스, 새로운 기능을 출시해 볼 수 있다. 모든 역량이 한 팀 안에 있기 때문이다.

하지만 이러한 구조라고 해서 Know-where가 저절로 개발되는 것은 아니다. 브랜드 분야의 세계적인 석학, 데이비드 아커David Aaker는 3M, 어도비Adobe, IBM 등 40여 개 기업의 사례를 분석하며 사일로Silo 현상에 대해 지적한 바 있다.

사일로란 곡식을 저장해 두는 창고라는 의미가 있었지만, 기업에서는 부서 간 이기주의를 표현하는 용어로 쓰이곤 한다. 서로 협력하지 않고 자기 부서의 이익만을 대변하며 하나의 사일로 울타리를 형성하는 것이다.

사일로 현상은 규모가 크고 조직이 분화된 대기업에서만 발생하는 문제라고 생각하기 쉽다. 하지만 스타트업에서도 얼마든지 사일로 현상이 발생할 수 있다. 대표적인 게 다른 사람들이 무슨 일을 하는지 모르는 것이다. 회사가 어떻게 돌아가는지, 다른 팀이 무슨 일을 하는지, 지금 돌아가는 프로젝트가 무엇인지 모른다. 결과적으로 똑같은 일을 여러 부서가 각자 따로 하고 있고, 회사 내에 전문가가 있음에도 전혀 도움을 받지 못한다.

특히 프로젝트 단위로 팀이 구성되니 조직에서 오히려 사일로 현상이 발생하기 쉽다. 각 팀에서 각자의 프로젝트만 진행하기 때문에 적절한 제도와 문화가 뒷받침되지 않으면, 각 팀이 하나의 별개 회사처럼 자기들끼리만 일하게 될 수도 있다.

이를 해결하기 위해 세계적인 음악 스트리밍 서비스 스포티파이Spotify에서는 매트릭스형 조직 구조를 가지고 있다. 스포티파이는 한 팀 안에 기획자, 개발자, 디자이너 등이 모두 속한 애자일한 팀을 스쿼드Squad라고 부른다. 그리고 기획자끼리의 팀, 개발자끼리의 팀이 따로 있다. 이러한 직군끼리의 팀을 길드Guild라고 부른다. 한 명의 기획자는 스쿼드에도 속하면서 동시에 기획자 길드에도 속하는 것이다. 그래서 다양한 프로젝트를 담당하는 기획자들이 서로 모여 정보를 공유할 수 있게 만들었다.

이 외에도 조직 구성원, 팀 간의 협업을 유도하기 위해서는 적극적인 제도적, 문화적 노력이 필요할 것이다.

주니어 개인 차원에서는
어떻게 Know-where를 파악할 수 있을까?

기업 입장에서 Know-where를 관리하는 것도 중요하겠지만, 이번 파트에서 말하고 싶은 건 직원 입장에서 우리가 어떻게 잘 적응할 수 있느냐이다. 그렇다면 주니어 개인의 입장에서 어떻게 Know-where를 파악할 수 있을까?

1) 회사 내 직무의 직무 기술서를 파악한다

직무 기술서란 해당 직무가 구체적으로 어떤 역할을 담당하고, 무슨 일을 하는지 정리해 놓은 것이다. 회사에 따라 직무 기술서를 정리해 둔 회사도 있고, 그렇지 않은 곳도 있다. 그래서 가장 먼저 직무 기술서가 있는지를 확인해 보면 좋다 (인사 담당자나 대표에게 물어보라).

직무 기술서를 확인해야 하는 이유는 같은 직무라 할지라도 회사마다 하는 일이 다를 수도 있기 때문이다. 예를 들어 마케터가 SNS 카드 뉴스를 만들고 홍보 예산만 관리한다고 생각한 영업 사원이 있다. 그가 새로 입사한 회사에서는 마케터의 직무 기술서에 '고객 데이터 분석'이 포함되어 있었다. 그러나 이를 몰랐던 영업 사원은 고객 데이터를 찾기 위해 구글 드라이브에 '고객'이라고 검색해 보거나 폴더들을 탐방하면서 시간을 낭비한다. 혹은 그냥 자기가 알고 있는 수준에서 고객을 정의하고 일을 진행할지도 모른다. 그러다가 나중에 지나가던 마케터가 그의 모니터를 보고선 말할 것이다. "이거 우리가 통계 낸 자료 있는데요?" 그 말을 듣고 "오 대박!

그런 자료도 있어요?"라고 좋아한다. 마케터는 대답한다. "그게 우리 팀이 하는 일인데요……?"

또 어디서는 경영지원 담당이 총무만 담당하지만, 어디서는 재무·회계, 인사까지 담당한다. 한 사람이 많은 업무를 담당해야 하는 스타트업에선 비일비재하다. 그러니까 회사에 처음 들어갔을 때에는 조직에 어떤 직무가 있고, 각각의 구체적인 역할이 무엇인지 확인해 보자.

2) 다른 사람의 업무 현황을 파악한다

직무 기술서는 추상적이고 원론적인 이야기들이 적혀 있을 뿐이다. 실제로 구체적인 도움을 주고받으려면 진행하고 있는 업무 현황을 알아야 한다. 과업을 파악하는 게 핵심이라는 걸 기억하자.

예를 들어 교육 팀에 속해 있었던 나는 고객들을 대상으로 전화 인터뷰를 진행한 적이 있었다. 딱히 제대로 된 전화 인터뷰를 해본 적이 없었기에 막무가내로 전화를 걸었다. 그러던 중에 우연히 사내 메신저에서 다른 팀 업무를 보게 되었다. 개발자와 함께 서비스 기획 업무를 맡은 동료가 홈페이지 관련하여 전화 인터뷰를 진행하려고 한다는 내용이었다. 전화 인터뷰 방법을 누구한테 물어봐야 할지 몰라서 난처하던 차에, 그 동료에게 도움을 청해서 이런저런 노하우를 전달받을 수 있었다.

만약 기획자 동료가 실제로 진행 중인 업무가 무엇인지 몰 랐더라면 도움을 받을 수 있을 거라는 사실을 몰랐을 것이다. 나는 IT서비스 기획에 대해 이해도가 낮았기 때문에, 기획자 가 정확히 무슨 업무를 하는지 상상하지 못했었다. 직무 기술 서에 나와 있는 추상적인 내용으로는 더더욱 알기 어려우니까.

즉, 실제로 도움이 되는 협업을 위해서는 서로의 업무가 무 엇인지 쉽게 파악할 수 있어야 한다. 그리고 현명한 스타트업 들은 이미 '투명한 정보 공유'를 조직 문화로 내걸고 있다. 투 명한 정보 공유에는 여러 가지 내용들이 속하지만, 그중 하나 가 서로의 업무 현황을 투명하게 알 수 있는 것도 속한다.

다른 구성원이 지금 무슨 일을 하고 있는지 안다는 건 세 가지 장점이 있다.

상호 신뢰   동료가 어떤 업무를 맡아서 열심히 일하고 있는지 신뢰 할 수 있다.

협업   서로의 과업에서 도움이 될 수 있는 자원을 찾아 공유할 수 있다.

리더십   조직 구성원 개개인이 전체 프로젝트의 진행 현황을 리 더 관점에서 파악할 수 있다.

이러한 맥락에서 많은 스타트업이 정보를 투명하게 공개하려고 노력한다. 오프라인에서 매주 1회씩 주간 업무 보고 회의를 진행한다거나, 온라인으로 각자의 업무 현황을 매주 공유하는 등의 기본적인 제도들을 시행한다. 우리는 이러한 정보들 속에서, 나와 상관없어 보일지라도 다른 동료의 업무를 인지하는 게 좋겠다.

여담이지만, 간혹 조직 구성원이 접근할 수 있는 정보를 오히려 제한하려는 기업도 있다. 예를 들어 애플은 조직 내에서 정보를 철저하게 통제하기로 유명하다. 신제품 등에 대한 정보가 외부로 유출될 경우 심각한 타격을 입을 수 있기 때문이다. 그래서 같은 회사 안에 있더라도 다른 팀이 무슨 일을 어떻게 진행하고 있는지 모르는 경우도 있다고 한다. 즉 제품의 특성, 비즈니스 모델의 특징 등에 따라서 적합한 정보 공유가 다른 것이다.

투명한 정보 공유가 유리한 조직은 실무진에게 많은 권한을 위임하여 다양한 시도를 장려할 것이다. 실무자가 빠르게 의사 결정을 내리려면 정보를 투명하게 공개하여 언제든지 쉽게 필요한 정보를 취하도록 해야 하겠다. 그리고 시장의 후발 주자로서 다양한 변화와 시도를 통해 성장하는 '스타트업'들은 이와 같은 이유로 정보를 투명하게 공개하는 게 유리하다.

최근 국내에서 사내의 투명한 정보 공유 문화를 잘 만들어

가고 있는 '버드뷰Birdview[10]'라는 스타트업에서는 '자율과 공유'라는 조직 문화를 만들어 장려하고 있다. 버드뷰는 화장품 리뷰 플랫폼 서비스인 '화해'를 운영하는 스타트업으로 유명하다. 그들은 구성원 개개인에게 많은 권한을 위임하여 업무의 많은 부분을 자율에 맡겼다. 대신 책임 없는 자율이 되지 않도록 자신의 업무 현황이나 의사 결정 히스토리 등을 자발적으로 팀에 공유하는 문화를 만들었다. 이를 통해 자율성도 극대화하고, 정보 공유로 인한 이점도 획득하는 것이다.

스타트업에서 커리어를 시작한 주니어로서 우리도 이와 같은 문화를 어느 정도 벤치마킹할 필요가 있겠다.

3) 동료의 이전 경력을 확인한다

Know-where를 파악하는 마지막 방법은 동료의 이전 경력을 확인하는 것이다. 동료가 이전 직장에서는 무슨 일을 했는지, 직장 외의 활동은 무엇을 해보았는지, 직장 안에서는 어떤 프로젝트를 진행했는지 알아보면 좋다. 하지만 다른 사람의 과거를 캐내는 식으로 알아내면 어떤 방법으로든 민감하고 어려운 일이다. 때문에 이 방법은 하면 좋지만, 억지로 할 필요는 없는 방법이라 할 수 있겠다. 같이 밥 먹으면서, 커피 마시면서 가볍게 대화를 나누면 좋겠다. 그래서 애초에 조직 차원에서 입사 후 자기소개 시간을 주는 게 필요하다.

나 같은 경우에는 다른 스타트업으로 이직했을 때 이전의 경력을 동료들에게 먼저 밝히는 편이었다. Know-where가 얼마나 소중한 자원인지 알고 있었기 때문이고, 수십 명의 동료들에게 매번 자기소개하는 게 번거롭기 때문인 것도 있었다. 그래서 사내 게시판에 전체 알림으로 글을 작성해서 이전에 어떤 프로젝트를 했었는지와 함께 인사 글을 적곤 했다.

이는 스타트업에 추천하는 방식이기도 하다. 흔히 자기소개서나 이력서에 지원 동기라든지 이전 경력들을 적는데, 서류 및 면접 심사에 참여하는 사람이 아니면 해당 내용들은 볼 수가 없다. 그런데 협업의 관점에서 동료의 지난 경력과 경험은 중요한 요소다. 또 입사하고 나면 사람들과 인사를 나누며 수십 번씩 되풀이하며 이야기하지 않는가? 신규 입사자는 새로운 동료와 인사를 나눌 때마다 이전에 어떤 일을 했는지, 어떻게 회사에 지원하게 됐는지 등을 반복해서 설명해야 한다.

그러니까 신규 입사자의 지난 경험이나 지원 동기는 회사 전체에 공개하지 않을 이유가 없다. 조직 차원에서도 서로의 Know-where를 확보하기 위해 꼭 필요한 자원이다.

앞서 이야기한 세 가지 방법은 사실 단순한 권장사항이 아니다. 새로운 직장에 입사한 신규 직원이라면 반드시 해야 할 의무사항이라고 생각한다. 그래서 나는 신규 입사자를 대상으로 진행하는 오리엔테이션 과정 안에 세 가지 방법을 포함시켜 두었다. 주니어뿐 아니라 경력직 입사자도 이 과정을 거친다. 각 팀원이 맡은 직무 역할은 무엇인지, 현재 누가 무슨 업무를 진행하고 있는지를 설명하고, 그들의 이전 경력 및 경험은 모두에게 공개된 사내 게시판 내에 공개해 놓았다. 구성원의 프로필 사항을 확인하는 것도 신규 입사자가 겪어야 할 오리엔테이션의 일부다. 그만큼 조직의 Know-where를 파악하는 건 반드시 필요한 일이고, 신규 입사자에게 많은 도움이 된다.

☑️ 챕터 요약

Know-where를 파악한다는 것
누구에게서 무슨 도움을 얻을 수 있는지 파악하는 것이다.

주니어가 Know-where를 스스로 파악하는 법
❶ 회사 내 직무 기술서를 파악한다.
❷ 다른 사람의 업무 현황을 파악한다.
❸ 동료의 이전 경력을 확인한다.

5

스스로 번아웃 탈출하는 법, 회사의 밸류 체인 파악하기

번아웃증후군이 온다

"○○님 언제 입사했죠?"

"○월이요"라고 대답하면 모두가 놀란다.

"그거밖에 안 됐다고??"

스타트업에서의 체감 시간은 광음光陰과 같다. 날아가는 화살을 눈으로 쫓기 힘들듯이 하루하루도 빠르게 지나간다. 적응할 시간은 짧고 실무에 바로 투입되어 정신없이 일하기 때문이다. 그래서 '스타트업에서의 일주일은 보통 사람의 한 달이다[11]'라는 말도 있다. 바쁘게 시간을 보내는 만큼 빨리 성장한다는 건 장점이다. 그러나 그에 상응하는 문제도 있다. 번아웃증후군*이다.

　번아웃은 지치고 힘들어서 에너지가 소진된 상태를 말한다. 가뜩이나 사회초년생 때는 회사에서 긴장한 채로 일한다. 처음 하는 일도 많기에 스트레스 수준도 매우 높다. 거기다 업무 강도까지 강하니까 퇴근할 때가 되면 얼이 빠진 사람처럼 힘없이 걷는다. 집에 돌아와서 생산적인 활동도 하고 싶은데 에너지가 없어서 씻고 멍하니 쉬어 버린다.
　번아웃 상태가 지속되면 직장 생활에 대해 회의감이 든다. '내가 지금 뭐하고 있는 거지? 이게 사는 건가? 무엇을 위해 이렇게 힘들게 살고 있지?'라는 생각도 든다. 그리고 소모적인 삶을 반복하지 않기 위해 직장에서 최선을 다하지 않고 열정을 포기해 버리거나, 다른 직장을 알아보는 결과로 이어진다.

　하지만 번아웃을 피할 수 있는 보다 현명한 방법을 알았더라면 열정을 포기하는 일도, 퇴사나 이직을 결심하는 일도 없

---

* 번아웃증후군은 한 가지 일에 몰두하던 사람이 극도의 신체적·정서적 피로로 무기력증이나 자기혐오·직무거부 등에 빠지는 것을 말한다.

었을지 모른다. 번아웃의 원인은 여러 가지가 있고, 해결책도 많다. 그중에서 우리가 굳이 겪을 필요 없었던 번아웃은 '회사에 대한 무관심'에서 오는 번아웃이다. 회사에 무관심해진 주니어는 흔히 이런 반응을 보인다.

친구　너네 회사는 요즘 어때?

주니어　몰라. 뭐 하는지도 모르겠어. 그냥 신경 안 쓰기로 했어. 내 할 거만 빨리 하고 집에 가고 싶어.

　부푼 기대를 안고 출근한 주니어가 회사에 무관심해지는 이유는 여러 가지가 있다. 직장 상사의 언행이라든가, 회사의 부조리한 제도나 정책, 주먹구구식으로 일하는 방식, 연봉에 비해 너무 많은 업무량 등이 회사를 미워하게 되는 이유다. 회사의 문제들을 하나씩 몸으로 느껴 가면서 주니어들은 회사에 관심을 꺼버리기 시작한다. 그리고 회사에 대한 무관심은 번아웃의 시작점 중 하나다.

　그렇다면 회사에 관심과 애정을 가지면 번아웃 문제가 해결될까? 여기서 확실히 짚고 넘어가자면 회사에 '애사심'은 해답이 아니다. 회사를 사랑하고 말고는 본인의 선택이다.

　회사를 사랑할 필요는 없지만, 적어도 회사의 정체성, 방향성, 시장에서의 의미 등을 '인지'하고 있자는 것이다. 이는 자칫 불행하게 여겨질 수 있는 '문제 상황'들을 견딜 수 있는 힘을 준다.

다행히 이러한 문제는 기술적으로 해결이 가능하다. 그러니까 내가 회사를 사랑하지 않아도 충분히 해결할 수 있다. 회사의 밸류 체인을 이해하는 작업으로 가능하다. 자칫 만성 스트레스와 퇴사로 이어질 수 있는 번아웃 중 하나를 몇 가지 행동 요령으로 예방할 수 있는 것이다.

회사 전체의 큰 그림을 파악한다

밸류 체인이란 기업이 상품을 만들어 팔고, 부가가치를 창출하는 일련의 과정 및 관계를 말한다. 여기에는 생산, 유통, 마케팅, 영업 등 다양한 과정이 포함된다.[12] 기업 내부에서도 각 부서가 가치 창출에 기여하고, 기업 외부에서도 공장이나 유통사, 협력 업체, 혹은 정부 기관 등 다양한 주체와 기업이 협력하며 부가가치를 만들어 낸다.

그리고 현명한 사람들은 회사의 밸류 체인을 파악한다. 회사가 돌아가는 프로세스를 파악하고, 회사가 속한 시장의 프로세스를 파악함으로써 그 안에 속한 나의 역할을 명확히 이해하는 방법이다.

밸류 체인을 파악하기 위해서는 회사 내부의 전체 업무 흐름을 파악하는 방법, 그리고 회사 외부의 시장 흐름을 파악하는 방법이 있다. 전자는 과업Task을 중심으로 회사가 지금 무슨 일들을 진행하고 있는지 정리하고, 후자는 우리 회사를 중심으로 어떤 이해 관계자(협력사, 경쟁사, 대행사, 고객 등)가 있는지 분석한다. 똑같은 주니어가 일을 해도 누구는 시키는 일만 하고, 누구는 사업 전체 흐름에 맞는 일을 한다.

먼저 회사 내부의 업무 흐름을 파악하기 위해 나는 이렇게 했다.

1) 회사의 사업 일정을 캘린더나 메모장에 정리한다

조직 차원에서 전사 과업의 타임라인을 정리한 문서가 있다면 참고하고, 없다면 공동의 일정 관리 어플리케이션을 확인해 본다. 틈틈이 회의 시간에 과업들의 일정을 체크하면서 회사 안에 어떤 굵직한 프로젝트들이 진행되고 있는지 적어 보자. 전체 사업 흐름을 파악하기 위해서다.

2) 다른 팀원들이 하는 업무가 무엇인지 정리한다

전체 사업 흐름에서 어떻게 업무와 역할이 분배되어 있는지 알기 위함이다. 주간·일일 업무 보고를 시행하는 일반적인 기업이라면 쉽게 정리할 수 있다. 부족한 부분은 팀원한테 가볍게 물어보면서 큰 방향성을 파악하도록 한다.

만약 다른 팀원이 무슨 과업을 진행 중인지 알 수 없는 스타트업이라면 그 기업은 세 가지를 놓치는 셈이다. 첫째, Know-where를 버리는 것이다. 둘째, 동료가 열심히 일한다는 '신뢰'를 떨어트린다. 셋째, 각 구성원이 회사의 전체 방향성을 알기 어렵게 만들고 자기 일만 하게끔 만든다. 이에 대해서는 뒤에서 조금 더 자세히 풀어 보겠다.

3) 내가 맡은 일과 해야 하는 일이 무엇인지 정리한다

큼지막하게 정리된 전체 업무 흐름 중에서 나는 어떤 역할을 맡았는지 정리한다. 그리고 이 작업의 가장 큰 장점은 앞으로 내가 성장할 커리어를 디자인할 수 있다는 점이니, 절대 빠트리지 말도록 하자. 회사의 방향성과 진행되는 과업들을 알면 앞으로 내가 어떤 업무와 역할을 맡을 수 있을지 설계하는 게 가능하다. 나 스스로 성장 로드맵을 그리고 팀원들, 팀장, 경영진과 계속해서 이야기하면 원하는 방향으로 성장할 수 있다.

여기서 중요한 건 두 번째로 이야기한 '다른 팀원들이 하는 업무가 무엇인지 정리한다'는 것이다. 주니어들은 이 중대한 문제가 어떻게 자신의 번아웃과 연결되는지 잘 알지 못한다. 기업의 경영진들도 마찬가지로 이 문제가 구성원들의 동기

부여와 소속감을 얼마나 해치는지 모른다.

다른 팀이 무슨 일을 하는지 왜 알아야 돼?

주니어가 정말 자주 하는 말이다. 다른 사람의 업무는 무슨 말인지도 못 알아듣겠고, 내 일도 아닌데 왜 신경 써야 하냐고들 한다. 비단 주니어만 그런 게 아니라 10년, 20년 차 경력직도 그렇게 말한다. 스타트업을 제대로 경험하지 못한 사람들은 그게 당연하다고 생각한다. 그래서 회의 때 다른 팀의 업무 브리핑만 시작하면 딴짓을 하고 흘려듣는다.

직원이 회사의 부품처럼 일하는 회사라면 그래도 상관없다. 맡은 일만 하고 퇴근하면 된다. 하지만 스타트업은 다르다. 다수가 모여 공동의 목표를 달성해야 하고, 그 목표를 달성하기 위해 회사의 자원을 온전히 집중해야 한다. 목표를 달성하려고 회사 직급도 없애는 마당에 구성원이 동상이몽하고 있으면 스타트업은 망한다.

직장에서 동료에 대한 신뢰는 '다른 팀원이 무슨 업무를 어떻게 하고 있는지 아는 것'에서부터 출발한다. 내가 열심히 일하고 있는 동안에 저 사람도 열심히 일을 하고 있다는 게 전제되지 않으면 그때부터 사일로 현상이 시작된다. 저 사람이 놀고 있는지, 일하는 척만 하는지 의심하는 순간 신뢰는 끝이다.

원격 근무를 겪어 본 사람들은 공감할 것이다. 다른 사람이 내가 열심히 일하는 걸 의심하지는 않을까 하는 불안까지 생긴다. 서로의 업무 내용이 눈에 안 보이기 때문이다. 그만큼 다른 사람의 업무를 아는 것, 내 업무를 다른 사람에게 보여 주는 것은 중요하다.

다른 팀의 업무를 완벽하게 파악할 필요는 없다. 모든 용어 들을 이해할 필요도 없다. 다만 다른 팀과 팀원들이 지금 무슨 업무를 어떻게 진행하고 있는지 감을 잡으면 된다. 꾸준히 회사 전체가 돌아가는 상황에 관심을 가지면 된다. 그것만으로 동료에 대한 신뢰, 동료가 나를 의심하지 않을 것이라는 가장 기본적인 신뢰가 생기고 소속감이 생긴다. 회사가 어떻게 돌아가는지를 알아야 내가 조직에 무언가 기여하고 있다는 걸 실감할 수 있다.

다음으로 회사 외부의 시장 흐름을 파악하는 건 이렇게 했다.

1) 회사소개서나 발표 자료 등을 보고 듣는다

포인트는 우리 회사가 스스로를 어떻게 정의하고 소개하는지에 있다. 회사 홈페이지에서는 회사를 남들에게 어떻게 소개하는지, 대중 강연에서는 우리 회사를 어떻게 발표하는지, 투자자에게는 어떤 포인트를 강조하는지 파악함으로써 시장 안에서의 위치를 짐작해 볼 수 있다.

개인적으로 가장 좋았던 방법은 영업 현장에 동행하는 방법이다. 고객을 설득하기 위해 우리가 믿을 만한 회사인지, 우리 회사의 강점은 무엇인지, 다른 경쟁사와의 차별점은 무엇인지까지 생생하게 들을 수 있다.

2) 우리 회사와 연관된 이해 관계자를 파악한다

우리 사업에 영향을 끼치는 크고 작은 단위의 이해 관계자가 있다. 예를 들어 내가 다녔던 스타트업은 B2G*사업이 많아서 정권이나 정부 부처의 정책 기조에 따라 사업 방향성이 달라졌다. 또한 우리 교육을 들은 다음 전문적인 지원을 해주는 후속 연계 기관과 긴밀하게 협업하기도 했다. 사업의 실무단에서는 교육 프로그램 운영에 필요한 물품 구매처, 디자인 용역, 홍보 마케팅 에이전시 등이 연관되어 있었다.

이러한 이해 관계자와 우리 스타트업의 관계를 파악하면 대한민국이라는 전체 시장 안에서 우리가 어떤 위치에 있는지 깊게 이해할 수 있다. 만약 전체 시장의 구조를 몰랐더라

---

* B2GBusiness to Government: 기업과 정부(각 행정기관) 간의 상거래를 말한다.

면 단지 우리 회사는 교육 행사나 운영하는 대행사라고 생각했겠지만, 시장의 구조를 이해한다면 사회에서 어떤 임팩트를 만들어 내고 있고 어떤 역할을 수행하고 있는지 제대로 된 의미를 알 수 있다.

3) 현장에서 고객을 직접 만나 본다

고객과 직접 대면하는 직무가 있고, 그렇지 않은 직무도 있다. 경영 지원이나 재무, 회계 등의 업무는 보통 사무실에서 이루어지거나, 해당 업무에 관련된 사람들만 만난다. 하지만 되도록 우리의 제품 또는 서비스를 구매하고 이용하는 고객을 직접 만나 보길 권한다.

비즈니스는 고객에게 어떤 가치를 제공하고 그에 맞는 돈을 받는다. 고객이 배가 고플 때 맛있는 음식을 팔고 돈을 받듯이, 무언가 판매한다는 행위 자체는 고객이 원하는 특정 욕구를 만족시켜 주는 의미가 있다. 만약 우리 제품 또는 서비스가 굉장히 훌륭하다면 비용을 지불하더라도 고객이 매우 만족할 것이다.

업무에 지치고 직장 생활이 힘들 때, 우리 제품 또는 서비스에 만족하고 행복을 느끼는 고객을 보면 그만큼 보람찬 경험이 없다. 만약 현장에서 고객의 반응들을 전혀 모른 채 서류상으로만 적힌 매출 숫자를 읽는다면 상대적으로 내 일의 보람을 적게 느낄 수밖에 없으리라.

개인적인 감정이나 뿌듯함만 느끼자고 고객을 만나는 건 아니다. 비즈니스의 본질은 '고객'에게 가치를 제공하고 돈을 버는 것이므로, 항상 '고객 중심'으로 생각해야 한다. 고객을 얼마나 구체적으로 알고 있는지에 따라 사업의 성패가 갈리게 되므로 스타트업 팀원들이 모두 고객에 관해 깊게 이해하는 게 중요하다. 업계에서는 우리 사업에 딱 맞는 특정 고객을 페르소나Persona[13]라고 부른다.

페르소나는 '가면'이라는 뜻을 가지는데, 인간은 사회를 살아가며 상황에 맞는 여러 가면들을 쓴다. 똑같은 사람일지라도 교육을 들을 땐 '학생'이고, 집에 가면 누군가의 '자식'이다. 이렇게 각각의 상황에 맞는 특정한 정체성을 페르소나라고 한다. 사업에서도 우리의 사업 아이템에 딱 맞는 특징을 지닌 '고객 페르소나'를 설정할 수 있다. 예를 들어 우리의 고객 페르소나는 '30대 여성'이라고 정하는 식이다.

하지만 페르소나는 구체적일수록 좋은데, 왜냐하면 똑같은 30대 여성이라 할지라도 우리 사업 아이템에 다르게 반응할 수 있기 때문이다. 30대 여성 중에서도 미혼일 경우와 기혼일 경우의 행동 패턴이라든지 소비 형태가 완전히 달라지기 때문에, 만약 우리 사업 아이템이 1인 주거 형태의 미혼 여성들이 구매할 가능성이 높다면 페르소나는 구체적으로 '혼자

사는 30대 초반 미혼 여성'이라고 좁히는 게 좋다.

이렇게 페르소나를 구체화하는 건 스타트업의 각 실무자들에게 직접적인 영향을 미친다. 당장 마케팅을 하려고 해도 '30대 여성'이라고만 타깃을 설정하면 너무나 광범위해진다. 정해진 광고 예산 안에서 조금 더 우리 제품 또는 서비스를 구매할 확률이 높은 사람들을 찾아내야 하는데 아무한테나 광고를 돌리면 성과가 좋게 나올 리 없다.

미혼 여성이 타깃이라면 그들이 좋아하는 광고 문구를, 기혼 여성이 타깃이라면 그들에 맞는 문구와 컨셉을 잡는 게 당연히 효과가 좋다. 마케팅뿐 아니라 제품의 색, 기능, 브랜딩, 소통 방식, 홈페이지의 UX* 등 사소한 모든 업무에서 고객에 맞게 작업해야 제품 또는 서비스의 전체 퀄리티가 상승한다.

나는 스타트업에서 매주 고객들을 조사했다. 우리가 생각했던 고객 페르소나와 실제 구매자가 일치하는지 확인하기 위해 설문조사를 돌렸고, 시간이 나면 전화로 궁금한 점들을 물어봤다. 적어도 1주일에 한 번은 현장에 나가서 실구매 고객을 대면 인터뷰하기도 했다. 다음은 고객의 목소리를 만나는 다양한 방법들이다.

---

* UXUser Experience: 사용자가 어떤 제품이나 서비스를 직·간접적으로 이용하면서 축적하게 되는 총체적 경험을 말한다.

- 구매 후기를 읽어 본다.
- 매장에서 손님들을 관찰한다.
- 온라인 설문조사를 진행한다.
- 10분 내외의 전화 인터뷰를 요청한다.
- 오프라인에서 대면 인터뷰를 요청한다.
- 직접 우리 제품 또는 서비스를 사용해 본다.

이렇게까지 했던 이유는 내가 당연하다고 생각했던 고객의 특징들이 실제로는 틀린 경우가 너무나 많았기 때문이다. 그 말인즉슨 우리 제품 또는 서비스가 고객들이 원하지도 않는 모습으로 만들어지고 있다는 뜻이었다. 생각해 보면 우리는 가까운 관계의 사람 머릿속도 확실하게 알기 어렵다. 무슨 생각인 건지, 어떤 감정을 느끼는지 알기 어려우니 내 마음대로 추측하기 시작하면 그때부터 오해가 싹튼다.

가까운 사이도 그러한데 만나본 적도 없는 고객의 진짜 생각을 어떻게 확신할 것인가? 실제에 가까운 정보들을 얻기 위해선 가능한 방법을 총동원해야 하고, 계속해서 분석하고 만나는 게 가장 좋다.

그러니까 시장에서 작동하는 결과물을 만들고 싶다면 욕심을 내서 고객을 더 만나고, 분석하는 게 좋다고 할 수 있겠다. 거듭 이야기하지만, 내 일과 크게 상관없다고 해서 번거롭게 고객을 분석해야 하냐고 생각한다면 스타트업에 적응하기는 쉽지 않을 것이다. 고객이고 뭐고 직장 상사가 시키는 일만, 나에게 주어진 일만 쳐다보고 일하는 건 스타트업에서는 현실적으로 불가능하다고 생각한다.

스타트업은 빠르게 성장하기 위해 주니어에게도 많은 부분 권한을 위임하여 시장 상황에 맞게 즉각적으로 의사 결정을 내리기를 바라고, 이 때문에 다양한 종류와 권한의 일들을 맡게 된다.

능동적이고 주도적으로 일을 해내지 못하면 살아남지 못하고, 빠르게 다양한 일을 해내려면 고객에 대해 잘 알아야 한다.

회사에 대해 공부하는 이유

업무 용어도 공부하고, 다른 사람 업무도 파악하고, 시장의 구조까지 분석하는 건 전적으로 나 자신을 위해서다. 나는 업무 실수를 줄이고 싶었고, 번아웃을 극복하고 싶었다.

굳이 둘 중에 따지자면 번아웃이 더 심각한 문제다. 주니어가 첫 직장 생활에서, 그것도 스타트업에서 겪게 되는 번아웃은 극복하지 못했을 때 잃는 게 많다. 일과 직장에 대해 조금만 관점을 다르게 바라봤었더라면 애초에 스트레스를 받지 않아도 되는 부분들이 분명히 있다. 그러나 주니어 때엔 무엇이 옳은 건지, 내가 이상한지 회사가 이상한지 모르니까 겪지 않아도 될 번아웃까지 겪게 된다.

겪지 않아도 되었을 시련 때문에 회사를 퇴사하고 진로를 바꿔 버리면 너무 아깝지 않은가? 일과 직장에 대한 편견이 한번 생기면 더 건강한 사고방식이 있었음을 깨닫기까지 몇 년이 걸릴지도 모른다. 그래서 번아웃은 단순히 '몸과 마음이 조금 힘들어요' 정도로 이해해선 안 된다.

나는 회사 대표도 아닌 주니어인데 굳이 왜 회사의 밸류 체인까지 공부했을까? 번아웃을 최대한 피하기 위해서다. 번아웃되는 이유는 많다. 대부분 야근도 많고 업무 속도도 빠르며, 많은 문제들을 가지고 있다. 이런 문제 자체를 우리가 금방 해결할 순 없을 것이다.

다만 이번 챕터를 통해서는 최악의 환경에서도 직장에 적응하고 번아웃을 피하기 위해 혼자서 시도할 수 있는 노력들을 공유해 보고 싶었다. 책에서 소개하는 방법들은 모두 내가 직접 실천해 본 것들이다.

회의 내용이나 사내 메신저 대화를 이해할 수가 없으니 업무 용어들을 공부했다. 일을 한두 개씩 시작했는데 알고 보니 기존에 자료가 있어서 헛수고하기도 했다. 혼자서 끙끙 앓으며 일을 끝내 놨는데 지나가던 팀원이 알고 보니 그 분야 전문가였다. 그에게 한 번만 물어봤었더라면 1시간 만에 끝낼 일을 몇 시간이고 붙잡고 있었던 것이다.

그렇게 실무에서 실수하고 업무량에 치이는 날이 반복되면서, 내가 지금 뭐 하고 있나 싶은 번아웃이 왔다. 왜 회사를 위해 이렇게까지 일하는지 모르겠고, 잡다한 일만 잔뜩 한다고 생각했던 때가 있었다.

그럴 때 다른 사람들은 무슨 업무를 하느라 저렇게 바쁜지 관심을 가지면서 우리 팀이 하나가 되어 목표를 위해 달려가고 있다는 걸 체감했다. 우리가 만들어 낸 결과물이 사회를 어떻게 바꾸는지 눈으로 지켜보았다. 비록 남들이 보기엔 눈에 보이지 않을 만큼 작아서, 유명 직장에 다니는 친구들이나 가족, 친척들한테 말하기도 부끄럽지만 내가 하는 일에 자부심을 갖게 되었다.

스타트업은 빠르게 성장하며 내가 하는 일, 내가 기여하는 프로젝트의 성취감을 안겨준다. 그게 스타트업의 매력이다.

모든 상황에 적용할 수는 없겠지만 나와 비슷한 문제를 겪는 주니어에게는 도움이 되었으면 좋겠다. 스타트업에 막연히 관심은 있지만 잘 알지 못하는 분들께도 참고가 되기를 바란다.

다만 모든 스타트업이 이 글에 나온 모습과 같지는 않다는 걸 감안해 주길 바란다. 스타트업 규모마다, 각 조직의 성격과 문화마다, 사업 모델마다 천차만별이다. 그래도 다양한 경험을 보고 듣는 게 도움이 되지 않을까 싶다.

☑ 챕터 요약

밸류 체인이란?
기업의 부가가치를 생산하는 모든 활동들을 의미한다.

주니어가 스스로 밸류 체인을 파악하는 법
1. 회사 내부의 밸류 체인
∘ 회사의 사업 일정을 캘린더나 메모장에 정리한다.
∘ 다른 팀원들이 하는 업무가 무엇인지 정리한다.
∘ 내가 맡은 일과 해야 하는 일이 무엇인지 정리한다.

2. 회사 외부의 밸류 체인
∘ 회사소개서나 발표 자료 등을 보고 듣는다.
∘ 우리 회사와 연관된 이해 관계자를 파악한다.
∘ 현장에서 고객을 직접 만나 본다.

PART 3

일 잘하는 사람은
무엇이 다를까?

: 주니어는 절대 알 수 없는, 일 잘하는 방법

사수가 없으니 동료들에게 물어보고, 배우고, 그들을 분석했다. 스스로 적응해야 했으니 일하는 방식들을 독학하여 체계를 세워야만 했다. 입사한 지 한 달도 안 되어서 업무 매뉴얼을 정리해 동료들과 공유했다. 매뉴얼을 문서화하고, 내부용 교재를 만들고, 사내 교육을 진행했다. 그렇게 3년이 지났다. 주니어 때 알았으면 얼마나 좋았을까, 하는 것들을 몇 가지 풀어 본다.

①

모든 일의 원리가 되는
과업 관리법_KARD

업무 처리를 쉽게 만들어 주는 비결

우리는 회사에서 매일 과업을 처리한다. 이메일을 보내는 업무부터 기획안을 쓰고 보고하는 업무까지 다양한 과업이 있다. 어떤 일을 하건 과업을 제대로 처리하기 위한 방법은 비슷하다. 과업을 관리할 때 KARD로 불리는 네 가지 요소를 꼼꼼하게 체크하면 된다.

이야기에 앞서 '과업'이란 무엇인가에 대해 짚고 넘어갈 필요가 있다. 주니어 때 위에서 시킨 일을 맹목적으로 수행하거나, 하루하루 관성에 따라 살아간다면 제대로 된 업무 실력을 쌓기 어렵다. 그러므로 개념과 철학은 중요하다.

과업이란 비즈니스적인 '성과를 만들어 내기 위해' 추진되어야 하는 과제다. 그래서 우리는 업무의 결과물에 모든 초점을 맞추어 과업을 관리해야 한다. 이러한 대전제 아래에서 과업의 네 가지 요소를 꼽아 보았다.

❶ KPI* 업무의 결과물
❷ Action Item 결과물을 만들어 내기 위한 세부 실행 과제
❸ R&R** 실제로 과업을 수행할 담당자
❹ Due date 과업의 완료 기한

주니어 때 하기 쉬운 실수

주니어 때에는 열심히 일하면서도 '성과를 만들어 내는 것'에 집중하는 게 쉽지 않다. 처음 해보는 일에 적응하느라 일을 처리해 내는 것 자체에만 집중하기 때문이다. 또한 직장 생활에 대해 직업윤리가 확실히 형성되지 않은 시기에는 매너리즘에 빠지기 쉽다. 매일 나에게 주어진 일을 하루하루 처

---

* Key Performance Indicator: 핵심 성과 지표.
** Role&Responsibilities: 역할과 책임.

리하는 데 익숙해지는 것이다. 그래서 과업의 네 가지 요소를 놓친다. 아래는 각각의 사례이다.

1) KPI를 간과하는 실수

팀장   이번에 신제품 기획하는 거 관련해서 경쟁사 분석 좀 해줄래요?

주니어   넵. 알겠습니다!

(한글 파일에 경쟁사 3개에 대한 기업 매출 규모, 구성원 수, 제품 종류 정도를 조사하여 제출한다)

팀장   고작 3개 회사만 조사하면 어떡해요, 10개 정도는 있어야 참고가 될 텐데. 그리고 기업에 대한 정보가 중요한 게 아니라 제품 정보가 중요한 건데 기업 조사만 자세히 해왔네요. 양식도 한글 파일로 작성하면 여러 제품 정보를 한눈에 비교하기 어려우니까 엑셀로 바꿔 주세요. 전부 다시 해오세요.

업무를 지시받을 때, 그리고 업무를 시작하기 전에 결과물을 구체적으로 상상하지 않았기 때문에 발생하는 실수다. 경쟁사 분석 자료를 어느 수준으로 만들어야 하는지, 그 결과물이 어디에 어떻게 쓰일지 확인했어야 하는데 그러지 못했다. 단지 주어진 업무를 처리하는 것에 급급했던 것이다.

2) Action Item에 관한 실수

팀장   이번 프로젝트에서 깜빡하고 챙기지 않은 물건이 2개가 있었

죠. 이제 다음 프로젝트 시작할 텐데 더 꼼꼼하게 챙겨 주세요.

주니어   넵!

(마음속으로 더 신경 써서 실수하지 않겠다고 다짐한다. 그러나 준

비 물건을 정리해 놓은 리스트에 빠진 항목이 있었고, 또다시 실

수를 저질렀다)

팀장   꼼꼼하게 챙겨야 한다니까요. 앞으로 같은 문제가 발생하

지 않도록 어떻게 할 생각이지요?

주니어   더 꼼꼼히 확인하겠습니다! 죄송합니다!

Task는 추진되어야 한다. 하지만 주니어는 문제 상황이 있을 때 문제를 해결하기 위해 어떠한 실행 과제도 추진하지 않았다. 스스로 Action Item을 만들어 내어 Task가 원하는 성과를 낼 수 있도록 일을 추진시키는 역량이 필요하다. 또한 준비 물건 리스트에 누락된 항목이 있었다.

Task나 Action Item, 물품 등을 관리할 때에는 항상 MECE* 하게 정리하는 습관을 들여야 한다.

---

*   MECEMutually Exclusive Collectively Exhaustive: '중복 없이, 누락 없이'라는 의미의
용어로 여러 항목이 서로 중복되지 않고, 빠진 항목 또한 없는 상태를 뜻한다.

3) R&R에 관한 실수

주니어 이번 행사에 쓰일 물건 리스트를 공유해 드릴게요. 다 같이 꼼 꼼하게 챙겨 보도록 해요. 잘 부탁드립니다!

(주니어가 작은 프로젝트의 PM 역할을 맡게 되었다. 3명의 동료들과 함께 프로젝트가 잘 진행될 수 있도록 조율해야 한다. 그러나 행사에서 제대로 챙기지 못한 물건이 있었다. 서로 다른 사람이 확인했겠거니 생각하고 꼼꼼하게 살펴보지 않은 탓이었다)

Task의 역할과 책임을 명확하게 지정하지 않았기 때문에 생기는 문제다. Task를 실제로 추진하기 위해서는 반드시 그 업무를 수행할 담당자가 있어야 한다. Task를 관리하는 주니어가 담당자를 명확하게 지정하지 못했다.

4) Due date에 관한 실수

팀장 견적서 하나만 보내 주실래요?

주니어 넵, 알겠습니다!

(6시간 뒤)

팀장 아직인가요?

주니어 아, 1시간 안에 드릴게요!

(1시간 15분 뒤)

팀장님, 저 급한 업무가 생겨서 견적서 작업이 지연되고 있습니다. 30분 뒤에 드려도 될까요?

Task를 전달받을 때 과업의 납기, 마감기한을 제대로 파악하지 않았다. 또한 1시간 안에 견적서를 보내기로 했지만 예정된 납기를 지키지 못했다. 모든 Task에는 납기가 있는데 말이다.

지금까지 살펴본 주니어 때의 실수들은 Task에 담긴 속성을 제대로 이해하지 못했기 때문에 벌어지는 일이다. KARD 요소의 공통점은 어떻게든 결과물을 만들어 내기 위해 관리되어야 한다는 점이다. 지금부터는 KARD 요소 각각에 대해 조금 더 자세히 풀어 보겠다.

1) KPI

: 일을 구체적으로 어느 정도 수준으로 해내야 하는지, 결과물의 목표치를 설정해야 한다.

KPI는 핵심 성과 지표라는 뜻으로 측정할 수 있는 정량적인 지표를 말한다. Task의 업무 결과물을 KPI라고 부르기에는 다소 어폐가 있으나, 업무 결과물을 측정 가능할 정도로 구체적인 수준까지 설정해야 한다는 의미에서 개념을 차용했다.

즉, 일할 때 KPI를 설정한다는 건 내가 업무를 처리했을 때 어떤 결과물이 나오는지를 명확하게 정의한다는 뜻이다. Task를 수행하기 전에 먼저 KPI를 구체적으로 고민할수록 효율적으로 일할 수 있다.

다음 도표의 Bad case에서는 자료 조사라는 Task의 Action Item을 미리 정하지 않았다. 자료 조사의 결과물을 구체

| (사례) 자료를 조사하는 경우 ||
Bad case	Good case
– 인터넷부터 켠다. – 이것저것 자료를 찾아보기 시작한다. – 눈에 보이는 대로 정보를 저장한다.	– 결과물을 누가 볼지 생각해 본다. – 어떻게 정리해야 보기에 더 편할지 고민한다. – 어느 정도 조사해야 적당할지 분량을 정하고 조사할 항목을 정한 뒤에 자료를 찾기 시작한다.

적으로 고민하지 않기 때문이다. 어떤 결과물을 만들어야 할지 명확하지 않으니까 어떻게 조사해야 할지도 모른다. 무작정 일을 시작할 뿐이다.

반면 Good case에서는 업무 결과물이 어디에 쓰일지, 그 결과물이 현업에 쓰이려면 어떻게 작업해야 하는지 먼저 고민했다. 누구의 업무 시간이 더 적게 걸릴지, 어떤 업무 결과물이 더 쓸모 있을지 쉽게 상상해 볼 수 있다.

일을 주는 사람이 아무리 구체적으로 이야기해도 그가 생

각하는 업무 결과물 수준을 완벽하게 전달하기는 어렵다. 그래서 결국 열심히 작업했지만 다시 갈아엎는 문제가 발생하곤 한다.

일을 주는 사람 입장에서는 '이렇게까지 하나하나 알려줘도 제대로 못하나?'라고 생각하게 되고, 일을 받는 사람 입장에서는 '처음부터 그렇게 말해 주든가'라던가, 혹은 '어차피 자기 마음대로 다 바꿔 버릴 거면 자기가 하지, 왜 나를 시키나?'라고 생각하게 된다. 직장에서 하루가 멀게 일어나는 문제다.

이럴 때 많은 사람들이 '저 사람은 무능하다', '저 사람은 자기 멋대로다'라고 생각한다. 하지만 잘못된 문제 정의다. 애초에 인간은 다른 인간의 머릿속에 있는 생각을 똑같이 상상해 내기 어렵다. 아무리 쉽게 설명해도 그렇다. 그러니까 사람의 문제가 아니라 '업무 방식'의 문제다.

업무를 수시로 보고해야 한다. 중간 결과물을 빠르게 만들어서 상대방의 KPI 수준에 맞는지 중간 점검을 반복하면 문제가 어느 정도 해소된다. 팀장이나 관리자들은 보고를 자주 받는 게 비효율적이라고 생각하는 경우가 많은데, 실무자가 주니어거나 업무가 복잡한 업무라면 보고를 자주 받는 게 오히려 효율적이다. 일주일 동안 열심히 작업했는데 전부 갈아엎어서 일주일을 다시 작업하는 것보다 업무 보고 10번씩 받는 게 낫지 않겠는가.

다음은 업무 수시 보고의 예시다.

◦ 업무를 앞으로 어떻게 진행할 것인지 일정과 방법을 보고한다.
◦ 업무 결과물을 손그림으로 그리거나, 이미지나 레퍼런스 자료 등
  을 참고해서 이런 식으로 작업하면 되는지 확인을 받는다.
◦ 업무의 일부분만 떼어 내서 완성해 보고, 이런 식으로 결과물을
  만들면 되는 건지 확인을 받는다.
◦ 일이 중간 정도 작업되었을 때 피드백을 받는다.

2) Action Item

: Task의 목표에 맞는 세부 Action Item들을 MECE하게 설정한다.

회의 시간이 1시간, 2시간 길어지며 서로 아이디어와 의견
이 난무한다. 결과적으로 'A가 문제인 것 같아요'라는 의견에
대부분 동의한다. 의견이 좁혀진 듯하자 누군가 '여기까지 할
까요'를 선언하고 그제야 다들 웃음을 되찾는다. 피곤한 만큼
뭔가 했다는 뿌듯함을 가지고 자리로 돌아가 회의 전에 하던
업무를 반복한다. 달라진 건 아무것도 없다.

위와 같은 일이 현업에서 많이 벌어진다. 방향성만 제시하
고 실제로 행동Action해야 하는 과제Item는 도출하지 않는 경
우다. 반면 일을 추진시키는 데 익숙한 사람은 항상 실행 과

제를 도출한다. 주어진 일만 해내고 퇴근 시간만 기다리는 사람은 일을 추진시키는 게 아니라, 주어지는 일들을 치워 버릴 뿐이다. 어떤 사람의 업무 만족도가 더 높겠는가? Action Item은 MECE하게 관리해야 한다.

'MECE하게'라는 말을 다시 설명하자면 '상호 배제, 전체 포괄'이라는 뜻으로, 쉽게 이야기하면 여러 가지 항목을 정리할 때 서로 중복되는 게 없이, 또한 누락되는 게 없이 정리한다는 뜻이다.

다음의 예시를 보자. 나는 오프라인 강의 프로그램을 준비하면서 미리 준비해야 할 일들을 정리하고 있다. 놓치는 부분없이 꼼꼼하게 준비하기 위해 내가 해야 할 Action Item을 메모장에 잘 정리해 두었다. 그런데 만약 MECE하게 정리하지 않으면 놓치는 부분이 생긴다.

강의는 무대 설비에 문제가 생기면 안 되므로 '무대'라는 항목을 만들어 챙겨야 하는 것들을 적어 두었다. 그리고 강의에 필요한 준비 물자들을 잊지 않기 위해 따로 항목을 만들기도 했다. 그런데 무대 항목의 '마이크'와 물자 항목의 '마이크'가 중

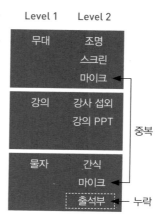

복된다.

이렇게 되면 일을 두 번 하게 된다. 이 예시는 간단하지만 실제로는 수십 가지 챙길 것들이 있다. 중복되는 항목이 있으면 일을 두 번 하게 된다. 무대를 세팅하면서 마이크를 챙겼는지 확인하고, 나중에 물자를 체크할 때 마이크를 또 확인한다.

혹은 혼선이 생기기도 한다. 강의 현장에서 실제로는 마이크가 2개 필요했다. 강사용 마이크와 질의응답 때 청중에게 건네줄 마이크다. 그런데 나름 정리한답시고 무대용 준비사항에 마이크 1개를 적고, 물자 항목에 마이크 1개를 나누어 적었다. 이렇게 되면 실제로 물건을 준비할 때 마이크를 1개만 챙기는 실수가 생긴다. 그래서 중복이 없도록 MECE하게 준비하자는 것이다.

누락이 생긴다는 것은 무엇인가? 앞에서 나는 강의 출석부를 깜빡하고 적지 않았다. 누락된 부분이 발생하여 결국 현장에서 출석부 없이 수업을 진행하게 된다. 이 또한 논리적으로 중복이나 누락 없이 과업을 챙기지 못한 탓이다.

그래서 MECE하게 과업을 정리하기 위해 항목을 범주화 또는 세분화하는 연습을 하는 게 좋다. 대주제(Level 1 수준)를 나누어서 큰 줄기를 만들고 각각의 하위 항목들을 빠짐없이 적는다. 나는 너무 길어지지 않도록 통상 Level 1~3까지만 정리하는 편이다.

똑같은 내용이라도 MECE하게 분류하는 법은 다르다. 예를 들어 회사의 과업을 정리할 때 Level 1을 '영업, 마케팅, 제품개발'로 잡을 수도 있고, '신사업, 프로젝트A, 프로젝트B'와 같은 식으로 다르게 잡을 수도 있다. 전적으로 상황에 따라 판단해야 하는데 '중복 없이, 누락 없이'라는 원칙을 잘 기억해서 판단하도록 한다.

3) R&R

: 역할과 책임을 분배하라.

R&R을 분배한다는 말은 '어떤 과업이나 역할에 책임자를 지정한다'는 말이다. 일할 때는 '책임자 또는 담당자'가 중요하다. 업무의 결과물을 책임지고 만들어 낼 사람을 지정해야 결과물이 제대로 나온다. 만약 R&R을 명확하게 나누지 않으면 일이 제대로 진행되지 않는다. 그래서 R&R은 중간 관리자나 팀장에게 중요한 개념이기도 하다.

R&R이라는 표현도 굳이 '담당자를 정한다'고 하지 않으며 영어를 쓰는 이유는 '책임'을 강조하기 위해서다. 주니어는 '일에 대해 책임지는 것'에 익숙하지 않다. 일에 책임을 진다고 하면 처벌의 개념으로 오해하는 경우가 많은데 그보단 '책임감'에 가깝다. 즉, 일에 대해 책임을 진다는 건 '책임지고 일의 성과를 만들어 내는 것'이다.

과업에 책임자를 지정하는 건 팀장만 하는 게 아니다. 우리는 사소한 업무 대화에서도 서로에게 R&R을 지정하고 있다. 예를 들어 마케팅 팀에 데이터를 요청할 때 어떻게 하는가? 팀 앞에 가서 허공에 대고 데이터 좀 달라고 소리치는 게 아니라 한 명을 콕 집어서 데이터를 요청한다. 다른 예로 동료와 행사에 필요한 여러 물건들을 챙길 때 어떻게 하는가? 나는 A~C를 챙길 테니 너는 D~F를 챙기라는 식으로 자연스럽게 R&R을 나눈다. 모든 Task에는 책임자가 필요하다.

4) Due date

: 모든 Task에는 납기가 있다. 납기가 생명이다.

보통 직장에서의 업무들은 다른 사람의 업무와 연관되어 있다. 내 업무가 처리되지 않으면 다른 사람의 업무도 지장을 받는다. 그렇기 때문에 정해진 납기 안에 업무를 처리하지 못하는 건 다른 동료, 조직에 피해를 주는 행위이다.

납기를 자주 어기는 사람은 신뢰를 잃는다. 상대에게 업무를 맡겼을 때 원하는 시간 내에 원하는 만큼의 결과물이 만들어질 것이라는 신뢰가 동료 관계의 기본 전제다. 하지만 납기를 자주 어기면 신뢰가 깨진다.

단순히 시간 약속을 못 지키는 정도로 생각하지 않기를 바란다. 회사와 직장인은 계약 관계이고 원하는 수준의 성과를 내지 못하면서 동료에게 악영향을 주는 인원은 제재 대상이다. 인간관계에서 약속 시간보다 5분, 10분 늦는 건 가볍게 사과하고 끝날 일일지도 모르지만 근로 계약 관계에서는 자신의 행동에 책임을 져야 한다.

그런데 모든 납기를 잘 지키면 좋겠지만 피치 못할 사정이 생길 수도 있는 법이다. 나의 의지와 상관없이 사건이 터지거나 예상했던 것보다 업무량이 많은 경우 등 납기를 지키지 못할 상황이 많다. 그럴 땐 납기를 지키지 못하는 상황을 관계자들에게 미리 얘기해 줘야 한다. 그래야 상대방도 관련된 업무의 일정을 제때에 조정할 수 있다. 또한 정해진 납기를 맞추기 위해 동료들이 도와줄 여지도 있다.

납기와 관련되어 가장 최악의 경우는 업무 케파*를 제대로 파악하지 못해서 뒤늦게 다른 사람한테 일을 떠넘기게 되는 경우다. 업계에서는 속된 말로 '짬 시킨다'라고 표현한다.

미리 자신의 투입 가능한 시간과 역량을 판단하여 다른 사람에게 도움을 요청했다면 납기일까지 목표 성과를 달성했을 것이다. 그런데 납기일이 다 되어 가도록 혼자 어떻게든 해보려고 애쓰다가 뒤늦게 일을 넘기면 아무도 도와줄 수도

---

* 케파Capacity: 수용 가능한 업무량 혹은 내가 할 수 있는 업무 역량을 말하며, 본래 영단어 발음을 축약하는 은어로서 '케파'라고 불린다.

없다. 다른 팀원들에게 더 큰 피해만 끼치고 프로젝트 전체가 지연되고 만다. 납기를 못 지킬 것 같으면 미리 말해야 동료들이 뒷감당이라도 할 수 있다.

Task 관리법을 정리하자면 이렇다

Task 관리란 누가R&R 무엇을Action Item 언제까지Due date 수행하는지 관리하여 목표KPI를 달성해 내는 것이다.

❶ 내 업무의 KPI가 무엇인지, 즉 일의 결과물이 구체적으로 어떤 수준이어야 하는지 파악한다.
❷ KPI를 달성하기 위한 Action Item을 짤 때엔 MECE하게 정리하여 꼼꼼하게 관리한다.
❸ R&R을 명확히 분배한다.
❹ 각각의 과업의 Due date를 파악하여 반드시 지킨다.

모든 업무에 Task KARD를 적어 보길 권한다. 이 개념들을 머리로만 알고 있어선 현업에서 사용할 수 없다. 업무를 주고받는 커뮤니케이션 상황에서, 회의 시간에, 프로젝트 PM을 맡았을 때 등등 모든 순간에 무의식적으로 떠올려야 한다.

Task의 핵심 요소가 제대로 파악되지 않았을 때 "그런데 납기는 언제까지죠?", "정확히 몇 개나 필요하죠?", "이 파일이 어디에 쓰이는 건가요?"라고 묻자. 그래야 일을 두 번, 세 번 하지 않는다.

모든 Task에는 KPI와 세부 Action Item, R&R, Due date가 있다. 하나라도 놓치면 일을 허술하게 하고 있는 것이다.

☑️ 챕터 요약

Task 관리법

❶ **KPI:** 업무의 결과물
  ◦ KPI가 구체적일수록 질 높은 Action Item이 도출된다.

❷ **Action Item:** 결과물을 만들어 내기 위한 세부 실행 과제
  ◦ Action Item은 MECE하게 관리하라.

❸ **R&R:** 실제로 과업을 수행할 담당자
  ◦ 역할과 책임을 분배하라.

❹ **Due date:** 과업의 완료 기한
  ◦ 납기는 신뢰다.
  ◦ 납기를 지키지 못할 것 같으면 미리 얘기한다.
  ◦ 자신의 업무에 Task KARD를 적어 보자.

경력직은 다 아는
업무 커뮤니케이션 필수 원칙

말이 통해야 일이 된다

무협에서는 고수들끼리 눈빛만 봐도 상대방의 수준을 가늠할 수 있다고 한다. 이와 비슷하게 일터에서도 상대방의 말 한마디, 작은 행동 하나만 봐도 실력을 가늠할 수 있다. 짧은 이메일 한 줄, 첨부파일의 파일명에도 그 사람이 일을 대하는 태도와 노하우가 묻어 나온다.

첫 직장에 입사한 주니어들은 회사에서 자연스럽게 업무 커뮤니케이션 방식들을 배워 나간다. 신입사원 교육을 잘 해 주는 기업이라면 입사 직후 업무 커뮤니케이션을 배울 것이고, 그게 아니라면 사수나 상사한테 혼나면서 배울 것이다.

그러나 실전에서 실수하며 배우는 과정은 너무나 고되고 오래 걸린다.

특히 업무 커뮤니케이션은 따로 교육을 받지 않는 이상 제대로 배우기는 어려운 분야 중 하나다. 왜냐하면 다른 사람의 커뮤니케이션 방식에 문제가 있다고 먼저 지적하는 건 부담스러운 일이기 때문이다. 그래서 커뮤니케이션을 제대로 못해도 조언을 받기가 어렵다. 업무 커뮤니케이션의 가장 기본적인 원칙들을 정리해 보았다.

커뮤니케이션은 즉답이 원칙이다

즉시 답한다는 기본 전제 안에서 융통성 있게 판단해야 한다. 당연히 상대방의 메시지 등에 즉시 대답할 수 없는 경우도 있지만, 커뮤니케이션의 기본은 즉시 답하는 것이다. 즉답을 강조하는 이유는 거꾸로 하는 사람들이 있기 때문이다. 커뮤니케이션을 뒷전이라고 생각하고 자기 일에만 몰입해서 대화를 미뤄 두는 사람들이 있다. 이런 식으로 일하는 사람들은 조직 전체의 효율성을 완전히 망친다. 업무는 여러 사람이 얼기설기 얽혀 있기 마련이다. 어떤 사안에 대해 보고하거나,

질문하거나, 요구하는 등의 업무 커뮤니케이션은 상대방이 반응을 보여줘야만 그 사안을 추진하고 진행할 수 있다. 대부분의 업무에는 여러 이해 관계자가 얽혀 있다는 걸 감안하면 다수의 업무가 한 사람으로 인해 멈춘다. 그렇기 때문에 모든 업무 커뮤니케이션의 기본은 즉답이다.

당연히 모든 메시지에 항상 즉답할 수 있는 건 아니다. 집중이 필요한 업무가 있어서 시간을 정해 두고 잠시 업무적인 커뮤니케이션을 차단하는 것도 좋은 업무 방법론 중에 하나다. 혹은 클라이언트와 미팅이나 중요한 회의 중에 전화나 메시지가 왔을 때에도 즉답하기는 어렵다. 이러한 예외적 상황이 문제가 되는 게 아니라는 건 누구나 이해할 것이다. 말하고 싶은 요지는 '적어도 기본 원칙은 즉답'이라는 점이다.

즉답 원칙을 지키지 않아서 실제로 주니어 때에 흔하게 발생하는 실수에 대해 알아보자.

1) 알겠다는 답장을 하지 않고 일부터 시작하는 경우

팀장   주니어, 지난번에 A프로젝트 관련해서 정리한 자료 좀 보내 줄래요?

(팀장에게서 메시지가 왔다. 주니어는 그 말을 듣고 서둘러 자료를 찾아본다. 그리고 자료를 보내기 전에 정리가 미흡한 부분이 있어

서 조금 수정하고 있는데 팀장에게서 다시 메시지가 온다)

팀장 아, 됐어요. John한테 받았습니다.

주니어 앗, 지금 보내려고 했습니다.

팀장 …….

내용만 확인하고 일부터 시작한다. 그러고 나서 한참 뒤에서야 업무 결과물과 함께 대답한다. 결과는 어떤가? 내가 메시지를 확인했는지 아닌지조차 모르는 상대방은 오매불망 답변을 기다리거나, 다른 방법을 찾아서 일을 처리해 버릴 것이다. 비효율적인 것은 물론이고 당사자는 얼마나 짜증이 날지 한번 상상해 보라. 상대방의 메시지를 확인했으면 일단 확인했다고 대답부터 하자.

2) 업무 알림이나 메시지를 확인하지 않거나 못하는 경우

(주니어는 기획안을 열심히 작성하고 있었다. 사내 메신저를 슬쩍 보니 알림이 30개나 넘게 쌓여 있었다. 그중에는 누가 게시물에 좋아요를 눌렀다든지, 내가 작성한 글에 댓글을 달았다는 등의 자잘한 알림도 포함되어 있을 게 뻔했다. 워낙 수십 개씩 알림이 쌓이는지라 주니어는 좀 더 기획안에 몰입했다. 어차피 다른 사람들도 다 그렇게 하니까. 그때 누군가 갑자기 뒤에서 주니어의 어깨를 탁! 치며 말했다)

팀장   주니어, 대체 왜 메신저 안 봐? 너 때문에 급하게 John이 대신했기에 망정이지. 클라이언트가 노발대발했어요. 하…… 금요일에 1:1 면담할 테니까 시간 비워 놔요.

특히 원격 근무를 많이 하는 스타트업에서는 업무 메신저에 알림이 굉장히 많이 뜬다. 그래서 업무 경험이 없는 주니어들은 무지막지하게 쌓이는 알림을 보면서, 일을 효과적으로 하려면 알림을 좀 무시해야겠다고 생각할지도 모른다. 몇 초마다, 몇 분마다 울리는 알림에 일일이 반응하다가는 아무 일도 못하기 때문이다.

그러나 '커뮤니케이션의 기본 원칙은 즉답'이라는 전제를 모른 채로 이와 같은 방식에 익숙해지는 게 문제다. 만약 알림이 너무 많다면 꼭 필요한 알림만 울릴 수 있도록 방법을 찾아야 하고, 일단 알림이 온다면 적어도 즉답이 필요한 알림인지 아닌지 정도는 바로바로 파악해야 한다. 하지만 제대로 커뮤니케이션 원칙을 배우지 못한 주니어들은 단순히 모든 커뮤니케이션을 뒷전으로만 여기게 되는 것이다.

확실히 하고 가자. 커뮤니케이션의 기본은 즉답이다. 그래야 서로의 업무가 딜레이되지 않는다.

과업의 네 가지 요소 KARD를 포함해야 한다

무엇이 효율적인 의사소통인지는 사람마다 의견이 다르다. 누군가는 생략과 은유를 잔뜩 활용하여 말의 수를 줄이는 게 효율적이라고 생각할 수 있다. 실제로 듣는 사람이 찰떡같이 알아듣고 말이 잘 통한다면 충분히 효율적일 수 있겠다. 하지만 간혹 커뮤니케이션 미스가 생겨, 의사 전달자와 이해하는 사람이 서로 다르게 생각하는 일이 발생했을 때엔 문제가 크다. 커뮤니케이션하는 데에는 단지 몇 초가 더 걸리지만 업무를 다시 처리하는 데에는 몇 시간, 며칠이 더 걸릴 수도 있기 때문이다.

흔히 다른 사람에게 과업을 요청할 때 구체적인 수준이나 납기 등을 말하지 않는 경우가 많다. 그러고는 자기가 생각했던 결과물이 나오지 않으면 상대방에 대해 '일머리가 부족하네', '센스가 없네' 따위의 판단을 내려 버리기 일쑤다. 일 받는 사람 입장에서는 자기가 '일 못한다'라는 평을 받고 싶지 않은 마음에, 일을 받을 때 더 질문하지 않고 그냥 '네, 알겠습니다' 하는 실수가 반복된다. 둘 다 잘못이다.

애초에 과업을 전달하는 사람이 명확하게 KARD를 이야기하는 게 가장 좋겠지만, 만약 그렇지 못했을 경우엔 전달받는 사람이 꼼꼼히 파악해야 두 번 일하지 않는다. 업무를 전달받을 때 정확한 결과물 수준이나 납기를 되물어 보는 건 몇 초면 되지만, 일을 처음부터 다시 해야 하는 건 참 수고로운 일이다.

사실 실무에서 팀장이든 주니어든 과업의 네 가지 요소들을 놓치는 경우가 많다. 일에 치여서 머리가 복잡한 날도 있고, 말하다 보면 깜빡하고 놓치는 경우도 있다. 그러니 상대방이 제대로 커뮤니케이션하지 않는다고 해서 그 사람을 너무 깎아내릴 필요는 없겠다. 우리는 일단 우리가 할 수 있는 일을 하면 된다. 다음 상황을 읽어 보면서 어떻게 일해야 하는지 감을 잡아 보자.

팀장	아무래도 경쟁사들은 어떻게 하고 있는지 먼저 찾아봐야 할 것 같네. (R&R 불명확)
A급 주니어	제가 찾아볼까요?
팀장	그렇게 해줄래요? (Action Item 불명확)
A급 주니어	네. 엑셀 파일에 정리해 보고 초안 완성되면 먼저 보여드릴게요.
팀장	네네 좋아요. 초안 잡아 보고 보내 주세요. (KPI 불명확)
A급 주니어	기업은 5개 정도 찾아보면 될까요? 정보는 제품 가격대나 고객군, 마케팅 포인트 위주로 찾아보려구요.

| 팀장 | 음…… 10개 정도는 참고해 봐야 할 것 같고요. 그리고 제품의 차별점도 같이 정리해서 보내 주세요. (Due date 불명확) |
| A급 주니어 | 네, 알겠습니다. 내일 오전까지 작성해서 드릴게요. |

두괄식으로 말하되
맥락, 요약, 내용, 참고자료를 더한다

업무 커뮤니케이션의 기본은 두괄식이다. 하고 싶은 말을 가장 먼저 이야기하고 부연 설명을 덧붙이는 식으로 말하는 게 좋다. 여기에는 두 가지 이유가 있다. 첫째, 부연 설명하는 내용이 필요 없는 경우가 많다. 업무를 추진하기 위해 필요한 '결론'만 확인하면 되고, 이 외의 부가적인 정보들은 굳이 구구절절하게 들을 필요가 없는 경우다. 둘째, 결론을 나중에 얘기하면 앞선 정보들을 흘려듣게 되어, 다시 이야기해야 한다.

다음 예시를 참고해 본다. 먼저 하고 싶은 말이 가장 마지막에 나오는 안 좋은 예시다.

| 주니어 | 팀장님. 지금 클라이언트가 내부적으로 검토해 보니까 예산이 삭감되었다고 해서 원래 진행하려던 것보다 예산 규 |

모를 좀 줄여야 할 것 같은데, A님이 오늘 외근이어가지고 견적을 수정해 주실 수가 없어서요. 제가 임의로 프로젝트 견적을 바꿔 보았는데 한번 확인해 주실 수 있을까요?

팀장한테는 '클라이언트가 뭐라고 했는지' 따위는 중요한 정보가 아닐 수도 있다. 혹은 'A라는 팀원이 외근인지 아닌지'도 마찬가지다. 결국에 견적서 검토 좀 해달라는 것 아닌가? 다음은 두괄식으로 말하는 예시다.

주니어   팀장님, A프로젝트 견적서 한번 확인해 주실 수 있을까요? 예산이 줄었는데 Park님이 외근 중이어서 제가 직접 수정했습니다.

팀장은 첫 문장을 듣자마자 주니어가 '견적서 검토 건'에 대해 이야기한다는 것을 파악할 수 있다. 주니어도 추가적인 설명은 팀장이 물어볼 경우에 대답하면 된다. 하고 싶은 말을 먼저 하는 두괄식이 업무 커뮤니케이션의 기본이 되는 이유다. 그리고 상황에 따라 필요하다면 다음 요소 중 필요한 부분을 함께 얘기한다.

맥락	상대에게 업무를 요청한다면 왜 요청하는지, 해당 업무는 왜 해야 하는지 등을 설명한다.
요약	상대방이 모든 정보를 다 알아야 할 필요는 없다. 요약된 정보만 먼저 확인할 수 있도록 한다.
내용	세부적인 내용을 자세히 얘기한다.
참고자료	해당 내용과 관련된 자료가 있다면 첨부한다. 파일도 첨부하고, 해당 파일이 아카이브Archive된 링크나 파일 경로를 함께 표기하면 좋다.

어렵지 않은 내용이기 때문에 '맥락' 부분에 대해서만 추가로 설명해 보겠다.

3) 업무 맥락을 설명하지 않았을 때 생길 수 있는 문제

주니어	우리 저번에 박람회 현장 사진 찍은 거 있으면 좀 보내주실래요?
답답한 동료	(하…… 지금 바빠 죽겠는데. 그리고 현장 사진이 1,000장이 넘는데 다 필요한 건가? 그냥 잘 나온 A컷만 필요한 건가? 애초에 사진이 왜 필요한 거지? 어디에 쓰려는지를 말해 줘야 필요한 것만 골라서 주지)

일을 제대로 처리하지 못하게 된다. 일을 처리하는 실무자

입장에서 업무의 결과물이 왜 필요하고 어디에 쓰일지를 알아야, 그 상황에 맞는 결과물을 만들어 낼 수 있다. 그런데 맥락을 설명하지 않으면 잘해 주고 싶어도 잘하기 어렵다.

일을 받는 입장에서 화가 난다. 그 일을 왜 해야 하는지도 모른 채 바쁜 시간을 쪼개고 일을 해내야 하는 건 스트레스다. 일의 맥락을 설명해 주지 않는 사람에게 화를 내는 경우도 많이 있으니 되도록 맥락 설명을 잘하도록 하자.

업무 현황은 누가 묻기 전에 수시로 공유한다

여러 업무를 관리하는 중간 관리자들이 자주 하는 얘기가 있다. "제발 내가 물어보기 전에 알려줘"라고, 업무 진행 상황을 미리 좀 공유해 달라는 것이다. 중간 관리자는 프로젝트를 성공적으로 이끌기 위해 동시다발적으로 진행되는 과업들이 잘 완수되고 있는지 계속해서 확인해야 한다. 그런데 업무 현황 공유를 제대로 안 하는 팀원이 있으면, 업무 현황을 체크하는 매니지먼트Management에만 너무 많은 시간과 노력이 들어가서 화가 난다고 한다. 다음 사례를 보자.

팀장　다음 주 수요일까지 고객 리뷰 정리하기로 한 거, 어떻게

	되고 있어요?
주니어	아, 그거 A님이랑 로우 데이터Raw data 정리하는 중입니다.
팀장	아직도 로우 데이터 정리하고 있다고? 마케팅 팀에서 다음 주 월요일에 2차 테스트 돌려야 하는데, 적어도 초안 정도는 지금 나와야지.
주니어	아! 빨리 하겠습니다.
팀장	지금까지 정리한 자료는 어디에 있어요?
주니어	구글 드라이브에 있습니다!
팀장	아니, 구글 드라이브 어느 폴더에 있는지 내가 어떻게 알아요. 링크를 주든지 파일을 달라고.
주니어	넵……!
팀장	설문조사 돌리기로 했던 건 따로 진행하고 있죠?
주니어	네, 진행하고 있습니다.
팀장	(하…… 그러니까 어떻게 진행하고 있냐고) 설문 다 뿌렸어요?
주니어	아니요, 아직 설문조사지만 완성해 뒀습니다. 오후에 뿌리려고 했습니다.
팀장	지금 어디까지 진행됐는지, 언제 완료되는지, 설문조사 질문은 어떻게 구성했는지 내가 볼 수 있도록 진행 현황 좀 메신저에 올려놔 줄래요? (제발)

업무 진행 상황은 수시로 공유하면 좋다. 언제 어떻게 공유

하는지에 대해서 정해진 기준은 없으니 융통성 있게 판단한다. 만약 감이 잘 오지 않는다면 세 번에 걸쳐 공유하는 것을 추천한다. 과업의 실행 계획을 공유하고, 중간 진행 상황을 공유하고, 최종 결과를 공유한다. 여기서 '중간 진행 상황'은 여러 번 공유할 수도 있겠다. 우리 제품을 구매한 고객을 대상으로 설문을 돌리려고 한다고 할 때, 업무 진행 상황을 어떻게 공유하면 되는지 알아보자.

1) 먼저 몇 명한테 언제 설문을 돌릴지 팀원들에게 공유한다

왜냐하면 다른 동료도 고객한테 물어보고 싶었던 게 있을 수 있으니까. 실제로 팀원이 설문조사에 질문을 몇 개 추가해 달라는 요청을 할 수도 있다.

2) 설문을 뿌리고 나서, 설문지를 언제 발송했는지, 몇 명에게 발송 성공했는지, 응답을 수집하는 링크는 무엇인지 공유한다

본 설문조사 건이 어떻게 진행되고 있는지 팀장이 궁금해할 것이기 때문이다. 프로젝트를 관리하는 팀장들은 항상 일의 진행 상황을 궁금해한다. 설문이 제때에 뿌려졌는지, 그래서 결과는 언제 확인할 수 있는지 알아야 다른 업무와 병행할 수 있으니까.

3) 일차적으로 설문 결과가 종합되면 공유한다

아직 설문 응답이 다 들어오지 않았더라도 어느 정도 수가 확보되었으면 진행 현황을 공유한다. 몇 명한테 뿌렸고 몇 명에게 회신이 왔는지, 지금까지 결과로 봤을 때 어떤 인사이트가 있는지 중간보고를 해주는 것이다. 지금 당장 설문 결과를 필요로 하는 팀원이 있을 수도 있고, 혹시나 설문 결과를 정리하는 방향성이 잘못되었다면 동료들이 피드백해 줄 것이다.

조직 차원의 합의가 필요하다

혼자 커뮤니케이션 잘한다고 업무 효율이 좋아지는 건 아니다. 결국 상대방이랑 죽이 잘 맞아야 스트레스 없이 효율적으로 커뮤니케이션한다. 그렇기 때문에 조직 차원에서 커뮤니케이션 원칙이나 룰을 정하여 공표하고 선언하는 작업들을 해줘야 한다.

만약 여러분들이 회사에 건의할 수 있다면 다음 내용들을 건의해 보시길 권해 드린다. 하지만 사실 경영진이나 팀장이 먼저 주도해야 할 내용이다.

1) 업무 용어를 통일한다

프로젝트 하나를 진행하더라도 똑같은 대상을 지칭하는 표현이 각자 다른 경우가 수도 없이 발생한다.

A '기획안' 파일 어디 있어요?

B 기획안이요? 저희 팀끼리 정리한 거요?

A 아니, 그…… 클라이언트한테 보내 줬던 기획안 있잖아요. 클라이언트용.

B 아~ 한글 파일이요?

A 한글 파일 말고 미팅 때 PT 보고했던 PDF 파일이요.

B 제안서 말씀하시는 거예요?

A 네네, 제안서요.

그냥 기획안 달라고 개떡같이 말하면 찰떡같이 알아주길 바라는 식이다. 하나의 프로젝트 안에서도 서로 쓰는 용어가 달라서 발생하는 커뮤니케이션 비용을 무시할 수 없다. 특히 지시대명사를 많이 쓰는 사람이 가장 곤혹스럽다. "그거 했어요?", "그 저번에 말한 거 어떻게 됐어요?" 등등 주로 머릿속이 복잡한 CEO들이 자주 한다.

프로젝트를 진행할 때 조금이라도 팀원이랑 부르는 이름이 다른 용어가 있다면, 그 순간에 팀원들과 정확한 용어를 정리하는 것으로 충분하다. 따로 뭐 정리해서 글을 쓸 필요도 없다. 팀 태그 걸고 '앞으론 이 단어로 통일하자'고 말하기만 하면 된다. 용어를 통일하는 작업이 습관처럼 자연스럽게 이루어져야 한다.

2) 피드백 원칙을 세운다

나이가 어려서, 직급이 낮아서, 신입이라서 말을 못 하는 경우가 많다. 혹은 구성원 중에 누가 마음에 안 들어서, 그가 나를 또 지적할 것 같아서, 혹은 사람들이 내 의견을 터무니없다고 생각하지 않을까 두려워서 말을 못 하는 경우도 있다. 이때 커뮤니케이션을 단지 개인의 역량에 맡긴다면 아무것도 해결되지 않을 것이다.

'네가 더 용기를 냈어야지', '그래도 의견을 말해야 해', '누구 다른 의견 없어요?'라고 말해 봤자 쉽게 의견은 나오지 않는다.

이럴 때 필요한 게 공동의 원칙이다. 작은 질서와 규율이라 할지라도 개인에게 맡기는 것보다 낫다. 특히 커뮤니케이션에선 더더욱 그러한데, 왜냐하면 의사표현을 막는 대부분의 이유가 '심리적 안전'에 있기 때문이다. 내가 말을 꺼내도 손해 보거나 공격받지 않을 거라고 느끼는 안전감이 없으면 의사표현하기 힘들다.

커뮤니케이션 원칙을 세우는 건 안전장치를 만드는 것과 같다. 우리 모두 서로를 공격하지 말자, 서로에게 기분 나쁠 만한 어떠어떠한 표현은 쓰지 말자고 합의함으로써 내가 말을 꺼내도 괜찮을 거라는 안전감을 보장하는 것이다.

예를 들어 의사표현이 중요한 회의 시간에는 매번 시작 전에 커뮤니케이션 원칙을 선언하는 방법이 있다. 어떤 의견이든 근거와 함께 의견을 이야기한다든지, 회의가 끝날 때까지 한마디도 안 하는 사람이 없게 하자든지, 우리 회사만의 규칙을 정해 선언하는 식이다.

우리가 인간을 과대평가하는 때가 있는데, 한두 번 말해 놓고 상대방이 알아서 백팔십도 변하기를 바랄 때다. 의견을 잘 내지 않던 사람에게 몇 번 이야기한다고 해서 사람이 갑자기 말을 잘하게 될까? 남을 쉽게 지적하던 사람이 경고 몇 번 듣는다고 금방 바뀔까? 그렇게 보기는 힘들 것 같다. 인내심을 갖고 더 자주 이야기하고, 원칙을 매번 선언하며 변화의 접점을 늘리는 게 더 자연스러운 일이라 할 수 있겠다.

☑️ 챕터 요약

업무 커뮤니케이션 원칙

❶ 커뮤니케이션은 즉답이 원칙이다.

❷ Task의 네 가지 요소를 포함해야 한다(KPI, Action Item, R&R, Due date).

❸ 두괄식으로 말하되 필요에 따라 맥락, 요약, 내용, 참고자료를 더한다.

❹ 업무 현황은 누가 묻기 전에 수시로 공유한다.

❺ 조직 차원의 합의가 필요하다(업무 용어 통일하기, 피드백 원칙 세우기 등).

3

경력직도 모르는
회의 잘하는 법

회의는 반드시 효율적이어야 한다

어느 회사에서든 회의를 한다. 여기서 말하는 회의는 일상적인 업무 대화와 다르다. 특정한 주제와 목적을 가지고 시간을 내서 이야기는 걸 회의라고 부른다. 몇 명이 참석하는지는 크게 중요하지 않다. 일대일로 대화할지라도 어떠한 특정 목적을 가지고 정해진 주제에 대해 시간을 정하여 이야기하면 '회의'라고 부른다. 회의의 특징은 다음과 같다.

∘ 목적과 주제를 가진 대화다. 목적이 있어야 하고, 목적에 맞는 결과물이 나와야 한다.

◦ 정해진 시간 안에 끝내야 하는 '업무' 중 하나다.

어떤 조직이든 회의는 반드시 존재하고, 조직의 규모가 커지더라도 없어질 수가 없다. 그러니까 회의를 얼마나 효율적으로 하는지가 조직의 생산성에 분명히 영향을 끼친다. 각종 기업 문화들에서 효과적인 회의 방식에 대한 명제들이 포함되어 있는 건 그런 이유에서다. 회의의 중요성을 인지하지 못하고 마냥 회의를 줄이려고만 하는 건 효율이 아니다.

회의는 어떻게 효과적으로 할 수 있을까? 제대로 회의하는 법에 대해 그동안 경험하고 배운 것들을 정리해 보았다.

제대로 회의하는 법

회의의 종류를 나누어 본다면 크게 두 가지가 있다. 첫째, 아이디어 논의 회의, 둘째는 의사 결정 회의다. 각각의 목적이 다르다. 아이디어 논의는 말 그대로 다양한 의견을 도출하거나 서로 자유롭게 토론하기 위함이고, 의사 결정 회의는 사안에 대해 결정을 내리기 위함이다. 중요한 건 둘 다 원하는 결과물이 있다는 점이다. 그냥 서로 의견을 나누고 좋았다는 회의가 되어선 안 된다. 그건 회의가 아니라 일상적인 잡담이다.

회의를 통해 원하는 결과물을 얻어 내려면 중구난방으로 샐 수 있는 회의를 누군가 리드해야 한다. 정확히 원하는 결과를 도출해 내기 위해 회의를 설계하고 진행할 담당자가 필요하다. 그래서 모든 회의에는 명확한 책임자, 주최자가 있다.

이는 회의 일정을 조율하고, 회의실을 예약하는 등의 잡무만 담당하는 역할이 아니다. 회의 결과에 책임을 질 사람이 주최자다. 간혹 팀에서 '무슨무슨 회의를 하자'고 이야기가 나왔을 때, 회의 책임자를 정하지 않고 팀 회의 일정만 잡는 경우가 있다. 그렇게 막상 모이고 나면 자연스럽게 아무나(보통 팀장이) 대화를 시작한다. 미리 회의를 준비한 사람도 없고, 책임지는 사람도 없이 흘러가는 회의가 얼마나 소모적인지, 또 기분이 찝찝한지는 겪어본 사람이라면 알 것이다. 참석자들의 소중한 업무 시간만 낭비하는 격이다. 회의를 시작할 때는 다음의 단계를 꼭 거쳐야 한다.

1) 먼저 회의의 주최자(책임자)를 정한다

Bad 안건 A는 다음 주쯤에 회의 잡고 다시 한번 논의해 보자.

Good 안건 A는 ○○○님이 다음 주쯤에 일정 한번 잡아 주세요.

2) 회의 안건을 명확히 정한다

무엇을 의사 결정해야 하는지 드러나도록 안건을 정한다. 회의라는 것도 업무의 일환이고, 명확한 결과물이 있어야 한다. 이 회의를 통해 무엇이 결정 나야 하는지를 구체적으로 정한다.

Bad   신사업 방향에 대해 논의하기

Good   신사업 아이디어 브레인스토밍 회의, 신사업 방향성 확정
         하기(헬스케어 vs 의료기기) 등

3) 참석 대상자를 정하고 공유하여 모두에게 컨펌* 받는다

정확히 어떤 이해 관계자가 참석해야 하는지 미리 정하고, 누가 참석하기로 했는지 해당 참석자들한테 미리 공유한다. 이는 꼭 참석해야 할 사람을 빠트리는 실수를 방지하기 위함이다.

Bad   이 회의에 ○○○님도 참석해야 할 거 같은데? 지금 들어
         오라고 하세요.

---

* 컨펌Confirm: 어떤 사안을 확실하게 확인하는 것, 혹은 결정 내리는 것.

이 사례에서 당사자인 ○○○는 다른 일을 하던 중에 갑자기 회의에 불려 가고, 다른 업무 일정이 꼬인다. 회의 안건이 무엇인지도 모르고, 미리 준비하지도 않은 채로 회의에 참석하게 된다.

회의 준비하기

1) 회의 일정을 조율한다

각 회의 참석자들과 이야기하여 회의를 정확히 몇 날 몇 시에 할지 정한다. 회의 시작 시간을 명확히 정하지 않으면 앞선 회의가 늘어질 수도 있다. 또 회의 시작 시간이 불명확하면 종료 시간도 가늠하기가 어려워서 다른 업무 일정을 조율하기 힘들다. 그래서 정확히 몇 시에 시작할지 정해야 한다.

Bad   내일 오전에 회의하죠.
Good   내일 ○○회의 끝나고 바로 이야기하죠.

2) 회의 장소를 예약한다

해당 일자에 회의할 수 있는 장소가 있는지 미리 알아본다. 회의 장소를 확정하기 전까지는 회의 일자를 확정하지 않는다. 해당 날짜에 회의실이 없을 수도 있기 때문이다.

> Bad   회의 시작 5분 전에 부랴부랴 비어 있는 회의실을 찾으러 돌아다녔으나, 빈 곳이 없어서 모두 10분간 배회한다. 이런 회사는 매번 이런 식으로 시간 낭비한다.

3) 회의 일정을 공용 캘린더에 등록한다

정확히 언제, 몇 시에 회의할지 정하고 회사 공용 캘린더에 등록한다. 캘린더든 뭐든 전사 직원들이 볼 수 있는 곳에 회의 일정을 적어 두어야 한다. 첫째로 회의 참석자가 나중에 시간을 잘못 알아도 딴말하지 못하도록 하기 위함이고, 둘째로 회의에 참석하지 않는 인원들이 해당 참석자들의 업무 일정을 확인하기 위함이다. 그래야 그 시간을 피해서 다른 일정을 잡을 수 있으니까.

4) 회의 전에 참석자들에게 미리 공지한다

회의 참석자들은 회의에 들어가기 전에 미리 준비해 와야 한다. 아무 준비도 안 하고 있다가 회의 시간에 고민의 깊이가 얕은 아무 말이나 내뱉는 건 민폐다. 회의 책임자가 미리 공지해야 하는 사항은 다음과 같다.

배경&맥락(선택) 이 회의가 왜 필요한지, 어떤 맥락이 있는지, 목적이 무엇인지 설명해야 참석자들이 회의 목적에 맞게 이것저것 준비해올 수 있다.

일정 ○○월 ○○일 ○○요일 ○○:○○∼○○:○○ (○○분) → 예상 소요 시간까지 적어야 회의 참석자들이 다른 일정을 조율할 수 있다.

장소 어느 회의실인지 밝힌다.

안건 대충 적지 말고, 구체적으로 어떤 의사 결정을 해야 하는 회의인지 적는다.

히스토리(선택) 해당 회의 안건에 대해서 이전에 논의했던 자료가 있는지 공유한다.

관련 자료(선택) 추가로 읽어 와야 할, 참고하면 좋을 자료 등이 있다면 함께 공유한다.

5) 회의 참석 전 준비사항을 전달한다

만약 회의 참석자들이 반드시 준비해 와야 할 게 있다면, 회의 공지사항에 함께 적어 둔다.

Good   Jason: 제품 생산 일정 정리하여 회의 전에 미리 공유하기 (○○월 ○○일 ○○시)

6) 회의 큐시트Cue-sheet를 기획한다

큐시트는 무엇을 언제 할지 적어 놓은 진행표를 말한다. 회의 책임자는 시간을 효율적으로 쓰기 위해 회의 식순을 미리 기획해야 한다. 각각의 시간이 몇 분이 걸릴지, 어떤 안건을 몇 분 동안 마무리 지어야 하는지 등을 미리 기획한다.

7) 회의 리마인드를 한다

회의 하루 전이나, 시작 1~3시간 전에는 참석자들에게 회의가 있음을 상기시킨다. 분명히 까먹고 다른 일에 몰입하고 있는 사람이 있을 수 있다. 일정이 갑자기 꼬여서 참석하기 어려운 사람이 있을 수도 있다. 공용 캘린더에 일정을 넣어 두었다고 해서 참석자들이 모두 회의 시간을 제대로 알고 있을 거라 생각하지 않길 바란다.

회의 시작하기

1) 미리 회의실을 세팅한다

회의 시작 10분 전에는 미리 가서 회의실을 확인한다. 앞선 예약자가 있을 수도 있고, 회의 때 사용할 모니터나 화이트보드에 문제가 있을 수도 있으니 미리 점검한다.

2) 회의 배경과 맥락부터 설명한다

참석자들이 다 모였으면 회의를 시작한다. 다짜고짜 안건 A에 대해서 논의를 시작하는 게 아니라, 이 회의를 왜 소집하게 되었는지 배경과 맥락부터 다시 설명한다. 다 아는 내용이라고 해서 생략하지 말고 제발 다시 설명하라. 이는 회의의 목표와 결과물을 명확히 상기하기 위함이다. 다른 헛소리하지 말고 이 회의 목적에 맞는 결과물만 빠르게 논의하자는 합의다.

3) 회의 안건을 설명한다

다시 한 번 말하지만, 다짜고짜 안건 A부터 곧바로 논의를 시작해 버리지 말아야 한다. 이 회의 시간에 몇 개의 안건이 있는지, 우리가 정해진 시간 안에 무슨무슨 안건을 다루어야 하는지 먼저 공표한다.

4) 회의 종료 시간을 설정한다

회의 종료 시간을 정한다는 건 그냥 100m를 15초 안에 뛰자는 게 아니다. 단지 빨리 끝내자고 목표 시간을 정하는 건 안일한 생각이다. 시간이 좀 늘어지는 건 진짜 문제가 아니다. 핵심은 동일한 시간을 적절히 통제하고 분배해서 효율적으로 쓰자는 거다. 의제가 3개인데 1개밖에 논의하지 못했다면, 남은 시간을 확인하며 불필요한 논의를 자르고, 유도해서 다음으로 넘어가야 한다. 만약 그래도 회의 시간이 부족했거나, 시간은 맞췄는데 논의가 너무 부실하다면 회의 자체에 대해 회고한다. 의제를 너무 많이 잡았거나, 회의 방식이 비효율적이거나 기타 문제가 있을 것이다.

하지만 너무 종료 시간에 집착할 필요는 없다. 지키면 좋지만, 필요하다면 회의가 길어질 수도 있는 것이니까. 다만 회의가 마냥 길어지는 사람들은 종료 시간 자체를 제대로 관리하지 않아서 그렇다는 걸 명심한다.

5) 회의 진행 시 주의사항을 전달한다

회의 성격에 따라 주의해야 할 것들이 있을 수도 있다. 예를 들어 아이디어를 쏟아내는 브레인스토밍 회의에서는 '다른 사람의 황당한 의견일지라도 비난하지 않기'와 같은 주의사항을 정할 수 있겠다. 이렇게 미리 주의사항을 얘기하지 않으면 회의가 제대로 진행되지 않을 것이다.

6) 회의록 작성자를 정한다

회의를 시작하기 전에 회의록 작성자도 정한다. 이때, 회의록을 똥 닦은 휴지쯤으로 생각하지 말았으면 좋겠다. 뭔가 정리한 듯한 기분을 내려고 회의록을 적은 다음에, 다시는 거들

떠도 안 볼 바에는 안 적는 게 낫다. 회의록을 적는 데에는 여러 이유가 있다.

- 회의에 참석하지 않은 사람도 쉽게 내용을 팔로우업*하기 위함.
- 해당 안건에 대한 히스토리를 나중에 다시 읽어 보기 위함.
- 회의에서 결정 난 사항을 참석자들이 서로 다르게 이해하고 있는 경우가 있기 때문에, 명확히 합의하기 위함.
- 회의가 끝나고 난 뒤에 해야 할 Aciton Item을 도출하고 공유하기 위함.

회의 진행하기

1) 회의 책임자는 사회를 본다

회의가 시작되면 책임자는 사회를 본다. 사회자는 참석자들의 발언권이 안건에서 벗어나지 않도록 조율하고, 논쟁의 논점을 밝혀 합의를 유도하는 등의 역할을 한다. 회의 책임자도 적극적으로 논의에 뛰어들어야 하더라도, 자신이 사회자

---

* 팔로우업Follow-up : 후속 작업이란 뜻. 어떤 사안을 지속적으로 확인하고 진행하는 것.

역할을 병행해야 한다는 걸 잊지 않는다. 사회자로서 해야 하는 일은 다음과 같다.

2) 남은 시간을 체크한다

회의 책임자는 항상 남은 시간을 체크한다. 목표로 했던 종료 시간 내에 회의를 끝내려면 어떻게 해야 하는지 관리한다. 만약 필요하다면 다른 안건에 대한 시간을 줄이고, 현재 진행 중인 논의를 더 이어갈 수도 있다. 상황에 맞게 시간을 재분배하도록 한다. 가장 나쁜 건 회의 참석자들 중 누구도 시계를 보지 않는 것이다.

3) 삼천포로 빠지는 대화에서 해당 안건으로 돌아온다

회의 책임자는 항상 '논점'이 무엇인지를 인지하고 있어야 한다. 논쟁이 오가다 보면 대화가 삼천포로 빠지는 경우가 많다. 다음의 대화를 보자. 어플리케이션(앱) 내의 버튼 삭제에 관한 논의다.

A 앱에서 이 버튼은 없애는 게 나을 것 같아요.
B 그럴 거면 메뉴 기능에서 ○○를 추가하는 게 어때요?
A 지금 메뉴 기능에는 너무 많은 게 들어가 있는 것 같아요. 메뉴를 좀 간소화하는 게 좋지 않을까요?

B 메뉴에서 이거랑 저거는 꼭 들어가야 하는데. 뺀다면 뭘 빼는 게 좋을까요?

'버튼'에 대한 논의가 확실히 결정되지 않은 채로 '메뉴 기능'으로 논점이 옮겨갔다. 이럴 때는 메뉴와 관련된 논의를 중단시키고, 다시 해당 안건으로 돌아와야 한다. 또 다른 사례를 보자. 마케팅 ○○프로모션을 진행할지 말지에 대한 기획 회의다.

A 이러이러한 이유로 ○○○만 원 예산으로 SNS마케팅을 진행해 보면 어떨까 합니다.

B 그 돈이면 차라리 인플루언서 마케팅하는 게 낫지 않아요? 요즘에 유튜버들이랑 많이 하잖아요.

A 그것도 좋죠. 얼마 전에 보니까 ○○○유튜버랑 어디랑 콜라보 하던데, 영상 한번 보실래요? 되게 재밌어요.

B 이런 건 어때요? 숏컷 영상도 요즘 유행하는데, 컨셉을 이런 식으로 잡아서 우리도 영상을 만들어 보는 거예요.

의사 결정을 내리지 않은 채로, 각자 신나서 아이디어만 얘기하다가 몇십 분 지난 뒤에 후회하게 된다. 회의 책임자가 사회를 제대로 보지 않으면 회의 때마다 이런 식이다.

4) 의사 결정된 사항, Action Item을 정리하면서 회의한다

모든 회의에는 '성과'가 있어야 한다. 회의가 끝나고 나서 회의록만 어디에 버려두고 끝이 아니라, 어떠한 사항이 결정되고, 어떠한 과업이 추진되어야 하는 것이다. 회의 책임자는 회의를 진행하는 동안에 이 성과를 만들어 내기 위해 '의사 결정된 사항', 'Action Item'을 정리해야 한다. 회의 책임자가 이를 놓칠 수 있으니 회의록 작성자가 보조하도록 한다.

5) 대화 방식을 관리하고, 주의를 준다

회의 책임자는 참석자들의 대화 방식을 관리한다. 회의에서 의견이 충돌하는 건 자연스러운 일이다. 하지만 건강하게 충돌해야 한다. 회의에서 마냥 싸우기만 하면서, 그게 당연하다고 생각하는 사람은 '건강하게 충돌'할 줄 모르는 것뿐이다. 상대방을 무시하고, 기분 나쁘게 이야기하고, 부정적이고 비관적으로만 얘기하는 등의 발화가 이어지지 않도록 잘 중재하자.

다만, 공개된 자리에서 강하게 주의를 줄 경우 대상자의 자존감이 상할 수도 있다. 조직 전체의 분위기와 팀워크를 해치는 발화에 대해서만 즉시 주의를 주되, 대상자가 개인적으로 자신이 공격당했다고 생각하지 않도록 조심한다.

회의 마무리하기

1) 의사 결정된 사항을 복기하고, 합의한다

이야기가 마무리되면, 그 회의에서 정리된 내용을 복기하면서 참석자 모두와 합의한다. 이때 회의록을 쓰는 사람이 잘 정리했다면, 회의록을 보면서 복기할 수 있다.

2) Action Item을 정리하고, 공유한다

마지막으로 반드시 Aciton Item을 다시 한 번 정리한다. 회의가 끝나고 나서 곧바로 무언가 추진되도록 하기 위함이다. 이때는 누가, 무슨 업무를, 언제까지 해야 하는지를 명확히 한다.

Bad	다음 회의 때까지 경쟁사 자료를 좀 찾아보는 걸로 하죠.
Good	다음 회의 때까지 ○○님이 경쟁사 자료들 ○개 정도 찾아봐 줄래요? 회의가 ○○일 ○○시니까 그 전날 ○○시까지 공유해 주시면 될 것 같네요.

3) 종료 후 회의 결과를 다시 공유한다

회의가 모두 종료되어 각자 자리로 돌아갔다면, 회의 책임자는 그날의 회의 결과를 정리하여 다시 공유한다. 다음과 같은 항목을 포함한다.

- ◦ 회의 제목
- ◦ 회의 일시
- ◦ 회의 장소
- ◦ 회의 참석자
- ◦ 회의 안건
- ◦ Action Item(누가, 언제까지, 무엇을 해야 하는지)
- ◦ 회의록 파일(링크)
- ◦ 회의 내용 요약(선택)

이렇게 하는 게 기본이다

이와 같이 까다롭게 회의를 하지 않는 회사도 있다. 하지만 회의를 잘하는 회사는 이렇게 한다. 자기 실력의 기준을 지금 다니는 회사에 맞추지 말고 업계 기준으로 맞추기를 추천드린다.

건강하게 의견을 주고받는 회의 만들기

회의에서 상명하복 관계 때문에, 혹은 사내 정치 때문에 누군가 좋은 의견이 있어도 내지 못한다면 어떨까? 자신은 다르게 생각하지만 전혀 말하지 않고 Yes맨이 되어 버린다면 또 어떨까? 혹은 아무 생각도 없어서 조용히 듣고만 있으면 어떻겠는가? 효과적인 회의라고 보기 어려울 것이다.

그래서 회의에서는 충돌하는 게 중요하다. 서로 건강하게 충돌하는 건 회의의 질을 높여준다. 하지만 이 충돌이라는 건 참 어렵기 때문에 건강한 방식을 찾아야만 한다.

구글에서 가장 생산성 높은 팀의 비결을 연구하기 위해 '아리스토텔레스 프로젝트'라는 걸 진행했다. 그 결과 가장 중요한 요인으로 '심리적 안전'을 꼽았다. 심리적 안전이라 함은 어떤 행동을 하더라도 내가 공격받거나 불이익을 받지 않을 거라는 안전감을 의미한다. 이를테면 상사의 말에 반대 의견을 내더라도 인사 평가나 사적인 감정에 문제가 생기지 않을 거라는 믿음이나, 참신한 아이디어를 내도 무시받지 않을 거라는 믿음 같은 게 있다. 아이디어를 냈을 때 창피함을 느끼거나, 비판받을 것을 두려워한다면 심리적으로 안전하지 못하다.

건강한 충돌을 위해서는 반드시 서로 간의 신뢰를 바탕으로 심리적 안전이 전제되어야 한다. 내가 어떤 말을 하더라도 괜찮을 거라는 안전감이 필요하다. 이는 사람에 대한 신뢰와, 커뮤니케이션 룰에 대한 신뢰 등이 바탕으로 깔려야 가능하다.

그리고 충돌만 한다고 건강한 건 아니다. 치열하게 논의한 후 결정된 사안에 대해서는 서로 헌신할 수 있어야 충돌이 의미가 있다. 매번 충돌만 하고, 논의가 끝난 후에도 충돌만 하면 아무도 충돌을 즐기지 않을 것이다. 합의된 내용에는 충실히 따라야 한다.

여기까지 들으면 그렇게 어렵지 않아 보인다. 누구나 "우리 조직은 서로 신뢰하고 있어요, 누구나 자유롭게 하고 싶은 말을 할 수 있어요"라고 얘기할 수 있다. 실제로 "너는 말하지 마!", "내 말에 반대하지 마!"라고 말하는 사람은 이 세상에 (거의) 없기 때문이다. 딱히 제한한 적도 없고 심지어 의견 표출을 장려하고 있으니 우리 조직은 수평적이고 자유롭게 의사소통한다고 말할 수도 있다. 하지만 실제 회의 현장은 어떤가? 아무도 충돌하지 않는 경우가 분명히 있다. 드러나는 현상만큼 명확한 증거는 없다. 별 충돌이 없으니 문제 현상이 크게 두드러지지 않고, 문제가 없다고 생각할 뿐이다.

심리적 안전을 해치고 충돌을 막는 수많은 요소들이 있다. 그 하나하나를 제거하는 건 전부 다루기도 어렵고, 나열하는 것도 의미가 없다. 이를 극복할 수 있는 명확한 장치들을 실천하는 게 차라리 낫다고 본다. 예를 들면 이런 것들이다. 물론 모든 게 정답은 아니다, 자기 상황에 맞게 응용할 수 있으리라.

- 회의 시작 시에 서로 '심리적 안전'을 지킬 것을 선언한다.
- 회의 시작 전에 중재자, 사회자를 정한다.
- 실제 회의에서 가장 말을 많이, 오래 하는 사람이 누구인지 체크한다. 그 사람의 발언권을 제한한다(보통 대표나 팀장이다).
- 모든 의견에 무조건적으로 칭찬한다. 그러고 나서 자신의 의견을 이야기한다.
- '열 번째 사람(무조건 반대하거나 이견을 제시하는 역할)'을 정한다.
- 질문하고 나서 침묵의 시간을 견딘다. 의견이 나올 때까지 견딘다.
- 발언에서 '사람'을 지칭하는 표현을 뺀다. '의견'을 지칭하는 표현만 남긴다.

여기서 마지막 항목만 조금 더 살펴보자. 이게 무슨 말일까? 사람에 대한 피드백을 하는 게 아니라, 의견에 대한 피드백을 하자는 거다. 서로 대화하다 보면 '누가' 한 얘기인지에 따라 파급력이 달라지는 경우가 많다. 전형적인 게 직급에 따른 차이이지 않은가? 대표가 한 말이 더 힘 있고, 반박하기 어려운 게 어쩔 수 없는 현실이다. 그러니 의도적으로라도 '누가' 발언한 건지를 잊게끔 표현을 바꾼다. 다음 두 케이스를 보자. 대표가 A프로젝트에서 ○○를 하자는 의견을 낸 상황이다.

> **사람에 대한 피드백**　대표님께서 하신 말씀과는 조금 다르게 생각합니다.
>
> **의견에 대한 피드백**　A프로젝트에서 ○○를 한다는 의견에는 조금 다르게 생각합니다.

작은 차이지만 언어는 사람의 프레임과 사고방식에 큰 영향을 끼친다. 직급이 아니라도 내가 싫어하는 사람이 낸 의견이라든지, 매번 사사건건 트집 잡는 사람의 의견이라든지 여러 케이스가 있다. '누가' 말한 거냐에 따라서 똑같은 내용이라도 다르게 받아들여지는 것이다. 업무적으로 더 좋은 결과를 내기 위해서라면 의도적으로 사람에 대한 편견을 지우는 게 좋다고 볼 수 있겠다. 그러려면 표현 자체에서 사람에 대한 표현을 빼야 한다.

"의견 좀 내라", "우리는 수평적인 조직이다. 자유롭게 의견을 내라"고 자주 말하는 것으로는 한계가 있다. 학창 시절을 생각해 보라. 수업 시간에 질문 좀 하라고 그렇게 부탁해도 손 드는 학생은 적다. 정말 학생들이 궁금한 게 없어서 그러는 건가? 여러 가지 이유에서 질문하기를 부담스러워하기 때문이다.

이때 작은 장치 하나만 마련해 보라. 포스트잇에 궁금한 걸 각자 적어서 앞으로 내라고 하면 수십 개의 질문이 쏟아진다. 부담을 덜어 주는 작은 약속, 룰 하나가 전혀 다른 결과를 만든다. 그게 조직 문화, 핵심 가치, 업무 방법론, 룰이 하는 일이다.

☑️ 챕터 요약

효과적인 회의의 24단계
❶ 회의 책임자를 1명 정하기
❷ 회의 안건을 명확히 정하기
❸ 참석 대상자를 정하고, 누가 참석하는지 공유하여 모두에게 컨펌받기
❹ 회의 일정 조율하기
❺ 회의 장소 예약하기
❻ 회의 일정을 공용 캘린더에 등록하기
❼ 회의 전에 참석자들에게 미리 공지하기
❽ 회의 참석 전 준비사항 전달하기
❾ 회의 큐시트 기획하기
❿ 회의 리마인드하기
⓫ 미리 회의실 세팅하기
⓬ 회의 배경과 맥락부터 설명하기
⓭ 회의 안건 설명하기
⓮ 목표 회의 종료 시간 설정하기
⓯ 회의 진행 시 주의사항 전달하기
⓰ 회의록 작성자 정하기
⓱ 회의 책임자는 사회를 보기
⓲ 남은 시간을 체크하기
⓳ 삼천포로 빠지는 대화에서 해당 안건으로 돌아오기

❷⓿ 의사 결정된 사항, Action Item을 정리하면서 회의하기
❷❶ 대화 방식을 관리하고, 주의를 주기
❷❷ 의사 결정된 사항을 복기하고, 합의하기
❷❸ Action Item을 정리하고, 공유하기
❷❹ 종료 후 회의 결과를 다시 공유하기

4

모든 문서 작성의 기본, 비즈니스 글쓰기 노하우

업무에서는 효율적인 문장을 써야 한다

직장에서의 글쓰기에 대해 다룬 글은 많다. 기획서 잘 쓰는 법이라든지, 보고서 쓰는 법이나 이메일 작성법까지도 시중에 좋은 콘텐츠가 많이 풀려 있다. 그래서 이번에는 조금 더 구체적이고 눈에 잘 보이지 않는 이야기를 해보려 한다. 글쓰기가 아니라 '문장' 쓰기다. 짜임새 있는 글을 쓰는 것도 중요하지만 그 안의 한 문장, 한 문장을 어떻게 적어야 할지도 중요하다.

어디에 쓰이는 문장이냐에 따라 다르겠지만 본 파트에서는 기본적으로 가독성 높은 문장에 초점을 맞춰 보겠다. 왜냐하면 생각이나 정보를 길게 적는 것보다 짧고 간결하게 적는 게 더 어렵기 때문이다. 또한 업무에서 가장 많이 쓰는 문장은 '효율적인 문장'이다. 하고 싶은 말을 정확하고 빠르게 전달하는 것이 직장에서 가장 많이 쓰이는 글쓰기다.

글쓰기 기술에 대해 설명하기에 앞서서 업무적인 글쓰기가 일반적인 글과 어떻게 다른지 짚고 넘어갈 필요가 있다. 성과를 만들어 내고 돈을 버는 비즈니스 현장에서는 글이라는 방식이 어떤 의미를 지니는가?

비즈니스에서 글이란

비즈니스는 달성하고자 하는 목표가 있고, 목표를 달성하기 위해 과업들이 추진된다. 과업이 착실히 진행되기 위해서 다양한 이해 관계자가 업무적인 커뮤니케이션을 주고받는다. 이러한 커뮤니케이션의 목적은 과업을 진행시키기 위함이기 때문에 서로 전달하고자 하는 명확한 '정보'가 있다. 즉, 업무적인 커뮤니케이션의 기본은 원하는 정보를 얻어 내기 위함이라고 전제하겠다.

때문에 비즈니스에서의 커뮤니케이션은 원하는 정보를 효율적으로 얻어 내야 한다. 장문의 두서없는 글을 읽느라 내가 원하는 정보를 파악하기 힘들다면 업무적인 비용이자 손해다. 커뮤니케이션 비용을 줄이기 위해서는 꼭 필요한 정보만 눈에 확 들어오도록 가독성을 높이는 게 기본 중에 기본이다. 우리가 전 파트에서 봤던 두괄식 문장처럼 말이다.

물론 글의 쓰임에 따라 가독성이 높다고 무조건 좋은 글은 절대 아닐 것이다. 이를테면 제안서의 경우 상대방을 설득하기 위해 무조건적인 두괄식 문장이 아니라 논리적인 미괄식이나 스토리텔링이 필요할 수도 있다. 하지만 가독성 높은 문장을 쓰는 방법이 언제고 쓰일 수 있으니 알아 둬서 나쁠 건 없다고 생각한다. 알면서 안 하는 것과 못 하는 건 다르니까.

글쓰기도 업무의 일환이다

굳이 사소한 글쓰기까지 공부해야 하는가? 그렇다. 비즈니스 이해도가 낮고 업무를 효율적으로 처리하지 못하는 사람들은 공통점이 있다. 무엇을 더 효율적으로 개선할 수 있을지 모른다는 점이다. 그런 점에서 글쓰기에 별 신경을 쓰지 않는 사람은 자신의 업무 메시지가, 이메일이, 보고서가 얼마나 보기 불편한지 알아차리지 못한다.

말과 글은 업무적인 의견이나 정보를 전달하는 가장 기본적인 수단이다. 같은 내용이라도 글을 다르게 적는다면 업무적인 효율성이 달라진다. 이 파트를 다 읽고 나면 똑같은 메시지를 보내더라도 전혀 다르게 적어야 한다는 걸 깨달을 것이다. 이는 보고서든, 제안서든, 사소한 업무 보고이든 적용할 수 있다.

글은 업무 효율을 개선하기 위한 대상이다. 글은 단어와 단어가 모여, 글자와 글자가 모여 이루어진 정보의 집합체다. 우리는 문장의 핵심 키워드를 추출하여 상단에 배치하고, 기호와 띄어쓰기를 통해 정보를 보이기 쉽게 가공할 것이다. 마치 수술을 하듯이 하나의 문장을 쪼개어 효율적으로 만든다. 그러한 마음가짐으로 읽어 보자. 다음 다섯 가지 글쓰기 방법을 소개하겠다.

❶ **두괄식** 문장의 핵심 키워드만 추출해서 앞에 적는다.

❷ **넘버링**Numbering 문장을 쪼갠다.

❸ **카테고라이징**Categorizing 쪼갠 문장을 분류한다.

❹ **문어체와 구어체** 쉽게 쓴다.

❺ **문장 부호와 띄어쓰기** 단어를 돋보이게 한다.

1) 두괄식

UX는 사용자 경험이라는 뜻으로, 대개 제품이나 웹 또는 앱을 이용하는 사용자의 경험을 분석할 때 많이 쓰인다. UX 디자이너들은 제품 구매 버튼을 어디에 배치해야 사용자가 더 편하게 결제할지 분석하곤 한다. 그들은 웹 페이지에 들어온 사용자가 손쉽게 메뉴 버튼을 찾아내는지, 원하는 제품 정보를 얻기까지 너무 번잡하지는 않은지 고민한다.

우리도 마찬가지로 업무적인 글을 읽는 독자가 나의 문장을 보고 어떠한 인식 과정을 거칠지 고민해 볼 수 있다. 정보의 집합체인 글 안에서 원하는 정보를 빠르게 습득하는지, 이해가 잘 안 되지는 않는지 말이다.

그래서 두괄식이 중요하다. 두괄식 문장이란 내가 하고 싶은 말을 서두에 먼저 이야기하는 것이다. 반면 미괄식은 이러저러한 설명 끝에 마지막에 하고 싶은 말을 전한다. 독자 입장에서는 얻고자 하는 정보를 바로 얻을 수 있는지, 한참 설명을 들은 다음에 얻을 수 있는지가 달라진다. 두괄식과 미괄식 문장의 차이를 보자.

팀장에게서 A~C기업의 강점을 조사하라는 업무를 하달받았다. 그래서 A기업의 강점에 대해서 먼저 이야기한다고 치자.

다음은 미괄식 문장이다.

예문　　A기업은 ○년간의 고객 데이터 7만 5천 건을 활용하여 구축한 자체적인 데이터베이스를 기반으로 고객 니즈에 맞는 제품 추천 알고리즘을 완성하였습니다.

(독자의 사용자 경험) 이런저런 정보들을 모두 꼼꼼히 읽으며 내가 원하는 정보인지, 상대방이 말하고자 하는 내용이 무엇인지 확인한다. 그러고 나서 마지막에 원하는 정보를 얻는다. 원하는 정보를 얻은 뒤에는 다시 앞선 문장으로 돌아가서 추가로 필요한 내용을 다시 확인한다.

핵심은 A기업이 제품 추천 알고리즘이 있다는 것이다. 그 알고리즘이 몇 건의 데이터를 기반으로 한 건지, 외부 데이터를 활용했는지 자체 데이터인지 등등의 정보는 경우에 따라 필요할 수도 있지만 필요하지 않을 수도 있다. 하지만 독자는 모든 내용을 다 확인한 뒤에 핵심 정보에 도달한다. 이제 두괄식 문장을 보자.

예문 1   A기업은 제품 추천 알고리즘을 가지고 있습니다. ○년간 고객 데이터 7만 5천 건을 기반으로 축적된 자체 데이터베이스를 활용하였습니다.

예문 2   **[제품 추천 알고리즘]**
A기업은 ○년간 고객 데이터 7만 5천 건을 기반으로 자체 데이터베이스를 구축해 맞춤형 제품 추천이 가능합니다.

예문 3   [제품 추천 알고리즘]
- A기업의 자체 데이터베이스 기반
- ○년간 고객 데이터 7만 5천 건의 데이터베이스 구축

　두괄식으로 말하고자 하는 핵심 내용을 먼저 던졌다. A기업의 여러 강점이 뭐가 있는지 빠르게 파악하는 독자 입장에서는 알고리즘이 자체 데이터 기반인지, 몇 건의 데이터를 통해 만들어졌는지 전혀 궁금하지 않을 수도 있다. 이와 같이 두괄식으로 정보를 입력한다면 독자는 기타 내용을 읽지 않고 빠르게 정보를 획득할 수 있을 것이다.

　이 예시에서 A~C기업의 강점을 문서로 정리했을 수도 있고, 업무 메시지로 간단히 전달했을 수도 있다. 상황에 따라 반드시 두괄식이 정답은 아닐 수도 있다. 하지만 여러 정보를 한눈에 보기 쉽게 정리한다는 관점에서는 두괄식 문장이 명백히 효율적이다.

　즉, 두괄식으로 문장을 적는다는 건 정보의 핵심 내용을 요약하여 추출하는 활동이다. 두괄식은 문단을 구성할 때도 적용할 수 있고, 하나의 문장 안에서도 적용할 수 있다.

문단　　여러 문장들로 이루어진 문단 안에서 가장 중요한 문장을 첫 문장으로 적는다.

| 문장 | 한 문장 안에서 가장 중요한 핵심 키워드를 뽑아, 문장 앞에 적는다(앞의 두괄식 예문 2~3번 참조). |

거두절미하고 결론부터 말하는 습관을 들이도록 하자.

2) 넘버링

PPT 슬라이드를 만들 때 유명한 원칙이 하나 있다. 바로 '하나의 슬라이드에는 하나의 메시지만 들어간다'는 것이다. 한 장에 하나의 메시지만 담겨야 한다. 이는 가독성 높은 문장을 작성할 때에도 마찬가지다. 하나의 문장에는 하나의 메시지만 담겨야 한다. 한 문장에 너무 많은 정보가 담기면 해석하기 어렵고 장황해진다. 여러 정보를 눈에 보이기 쉽게 잘 분류해서, 한눈에 보자마자 머릿속에 정리되도록 적어보자.

다음은 지역의 유휴 공간을 활용하여 지역 주민들이 참여하는 프로젝트를 만들어 보겠다는 '사업 제안서'다. 그중에서 제안하고자 하는 사업의 목표에 대해 적고 있다.

| 예문 | 따라서 각 기관의 특성에 맞는 콘텐츠를 제공하여 공간을 활성화하고 나아가 지역 주민과 이웃에게 거점이 되는 따뜻한 돌봄 공동체를 형성하고자 한다. |

예문에는 크게 두 가지 메시지가 한 문장에 포함되어 있다. 이를 쪼개 보면 다음과 같다.

❶ 따라서 각 기관의 특성에 맞는 콘텐츠를 제공하여 공간을 활성화 하겠다.

❷ 지역 주민과 이웃에게 거점이 되는 따뜻한 돌봄 공동체를 형성하고자 한다.

여기에 앞서 이야기했던 두괄식 키워드 추출을 적용하면 다음과 같다.

공간의 활성화   각 기관의 특성에 맞는 콘텐츠를 제공하여 공간을 활성화하겠다.

돌봄 공동체 형성   지역 주민과 이웃에게 거점이 되는 따뜻한 돌봄 공동체를 형성하고자 한다.

사소한 업무 메시지를 보낼 때도 이런 식으로 정보를 구분하고, 키워드를 뽑아서 두괄식으로 문장을 가공하여 여러 정보의 넘버를 매겨 준다. 여기서 넘버링이란 단어는 여러 정보에 숫자를 달아 분류한다는 의미로 사용했다.

나는 넘버링을 넓은 의미로 사용한다. 문장 앞에 숫자를 매기는 것뿐만 아니라 다음과 같이 말머리 기호를 붙여 나열하는 것도 넘버링으로 부른다. 여러 정보, 문장들을 숫자나 기호를 활용해 분류하는 것이다.

예시

1. 텍스트

  1) 텍스트

    – 텍스트

[텍스트] 텍스트 → 텍스트

  》 텍스트 : 텍스트

흔한 보고서 양식처럼 보일지도 모른다. 하지만 보고서 양식에만 맞춰서 쓰는 사람은 보고서 이외의 커뮤니케이션에서 '넘버링'을 활용할 줄 모른다. 보고서는 양식대로 써야 한다고 생각하면서 업무 보고나 업무 내용 공유, 이메일, 기획안 등 양식이 정해지지 않은 곳에선 정보를 효율적으로 표현해 내지 못한다. 그래야 한다는 필요조차 못 느끼는 것이다.

그러니까 단순히 문장의 앞에 말머리 기호를 붙이는 것 이상의 의미가 있다. 작은 정보 하나를 상대방에게 전달하더라도 가독성을 높여 효과적으로 전달하라. 그 어떤 상황에서든 적용할 수 있고, 그래야만 한다. 그게 효율적이다.

3) 카테고라이징

습관처럼 카테고라이징하라. 카테고라이징이라는 용어는 여러 정보가 있을 때, 비슷한 것끼리 묶어 분류한다는 의미로 사용했다. 거두절미하고 핵심은 두 가지다. 첫째, 정보(문장)를 병렬식으로 나열하지 않는다. 둘째, 최대한 세 가지 이하로 정리한다.

예를 들어 오프라인 세미나 행사를 마치고 난 뒤 프로젝트에 대해서 회고하는 글을 쓴다고 치자. 아래는 병렬식 나열*의 예시이다.

Bad case

- 행사 입장 시 명찰 배부 방식 때문에 행사장 입구가 혼란스러움.
- 사회자의 발음이 안 좋아서 내용 전달이 명확히 안 됨.
- 조명이 밝아 PPT 화면이 뒷자리 인원에게 제대로 보이지 않음.
- 사전에 마이크 배터리 잔량을 확인하지 못하여 중간에 마이크가 꺼짐.
- 행사장 냉난방 관련하여 즉시 대응할 수 있는 장소 담당자 연락처가 없어서 대응이 늦어짐.

---

* 병렬식 나열이란 여러 항목이 동일한 위계에서 독립적으로 나열된 것을 말한다.

단순히 행사 시작부터 끝날 때까지 과정을 시간 순으로 적었다. 아래 카테고라이징 예시와 비교해 보자.

Good case

1. 사전 세팅

  무대 조명   너무 밝아 PPT 화면이 잘 보이지 않음.

  마이크 배터리 잔량을 체크하지 않아 중간에 꺼짐.

2. 현장 운영

  사회자(전달력) 발음이 안 좋아서 전달력이 떨어짐.

  리셉션(명찰) 사전 출력하지 않고 현장에서 이름을 적게 하여 입구가 혼란스러움.

  비상연락망(행사장) 담당자 연락처가 공유되지 않아 냉난방 문제에 즉각 대처하지 못함.

다섯 가지 항목을 두 개 카테고리로 묶었다. 그리고 넘버링과 문장 부호를 통해 위계를 나누었다. 각 문장은 두괄식으로 키워드를 뽑아내서 정리했다. 독자 입장에서 더 편하게 정보를 습득할 수 있다.

이런 식으로 여러 정보와 문장을 깔끔하게 정리한다. 병렬식으로 항목을 나열하지 않으려면 카테고리를 만들어서 묶어 준다. 대주제를 정하여 정보들을 그 하위 항목으로 분류해

줌으로써 이해가 쉬워졌다. 없던 카테고리 위계를 만들어서 '5개'의 정보를 3개 이하의 대주제로 정리한 것이다.

비슷한 방법으로 병렬식 나열을 피하기 위해 항목과 항목 간에 선후관계나 인과관계를 만들어 줄 수도 있다. 예를 들어 영업 프로세스를 매뉴얼로 만든다고 할 때 여러 가지 항목이 나온다.

최초 연락 클라이언트에게 최초 접촉하여 회사를 소개함.

영업 미팅 클라이언트와 대면 미팅을 통해 구체적인 과업 등에 대해 논의함.

제안서 작성 및 전달 사업 내용에 맞게 제안서를 작성하여 클라이언트에게 전달함.

계약 계약 조건을 협상하고 최종적으로 계약을 수주함.

후속 조치 재계약 등을 위해 지속적으로 연락을 취해 관리함.

이 다섯 가지 항목은 카테고리로 묶기엔 분류하기가 애매하다. 대신 병렬식 나열이 아니라 시간 순으로 선후관계를 가지기 때문에 이를 적절히 표현해 줄 수 있다.

영업 5단계 프로세스 최초 연락 → 영업 미팅 → 제안서 작성 후 전달 → 계약 → 후속 조치

같은 내용이라도 병렬식으로 정보를 나열하고 줄글로 길게 적는 것보다, 한눈에 정보의 의미를 이해할 수 있도록 표기한다. 어찌 됐든 병렬식 나열을 피하며 정보를 쉽게 이해할 수 있도록 표현하자.

4) 문어체와 구어체

문어체가 필요한 문장이 있고, 구어체가 필요한 문장이 있다. 둘 중 무엇이 낫다는 명확한 기준은 없으나 독자가 정보를 더 쉽게 획득할 수 있도록 쓴다는 전제만 기억한다. 문어체는 간결하다는 장점이 있고, 구어체는 직관적이라는 장점이 있다. 둘 다 과하면 문제다.

문어체 **글에서 주로 쓰는 말투**

특징 명사형 용어가 나열되어 딱딱하게 읽힌다.

장점 정보를 명사로 압축하여 짧게 표현할 수 있다. 통상 이메일 제목이나 요약문 적을 때 자주 쓰임.

단점 과할 경우 추상적인 명사 표현 때문에 정확히 뭘 말하려는 건지 이해하기 어려울 수도 있다.

구어체 **일상적인 대화에서 주로 쓰는 말투**

특징 동사는 동사로, 추상적인 명사 표현은 직관적으로 표현한다.

장점 이해가 쉽다.

단점   횡설수설 구구절절 길어지면 문장에서 정보를 추출하는
데 오래 걸린다.

문어체를 구어체로 바꾸면 훨씬 직관적이다. 다음의 사례
를 보자.

◦ 경쟁사 대비 수요자 니즈 및 선택권 보장 가능.

→ 경쟁사보다 선택의 폭이 넓습니다.

◦ 콘텐츠의 지원과 관리를 통해 공간의 활성화를 이루겠다.

→ 콘텐츠를 관리하여 공간을 활성화하겠습니다.

이번에는 구어체를 문어체로 간결하게 바꿔 보자.

◦ 프로그램에 참여한 팀의 기술에 대한 니즈가 있을 경우 학교와 협
력하여 대학의 기술이 매칭될 수 있었으면 좋겠다.

→ 프로그램 참여팀과 대학의 기술 매칭 희망.

◦ 이후에도 프로그램을 연계하여 진행할 수 있도록 학교 측과 MOU
를 맺을 수 있는지 요청 받음.

→ 후속 프로그램 연계를 위한 MOU 요청.

5) 문장 부호와 띄어쓰기

문장은 검정 글씨와 흰 여백으로 이루어져 있다. 가독성을 높이기 위해서는 문장 부호를 적절히 활용하고, 띄어쓰기 여백을 이용해 글자를 분리해 준다.

❶ 문장 부호를 이용해 단어의 의미를 분류해 준다.

- **대괄호**   [제안서] A프로젝트 제안서 초안 송부
- **괄호**   A프로젝트 제안서 작성 (~4/21)
- **화살표**   인수인계 (○○님 → ○○님)
- **언더바**   A프로젝트 제안서_v7_FN.pdf
- **온점**   2020. 04. 21. 화요일

이런 식으로 문장 부호와 글자 사이에 띄어쓰기를 활용한다.

❷ 띄어쓰기도 함께 활용한다.

- 대괄호:[제안서] A프로젝트 제안서 초안 송부
- → 문장 부호 사이에 띄어쓰기가 없으면 구분이 불편함.
- 대괄호 : [제안서] A프로젝트 제안서 초안 송부
- → 콜론 기호(:) 앞뒤로 띄어쓰기를 하면 구분하기 좋음.

문장을 보자마자 깔끔하게 정보가 분류된 채로 눈에 들어

와야 한다. 독자가 내 문장을 보자마자 가공된 정보들을 빠르게 습득할 수 있도록, 눈에 보이지 않는 도표를 그리는 것과 같다. 잘 쓴 '문장 부호와 띄어쓰기'에 따라 정보들은 깔끔하게 분류될 수 있다.

주니어가 알아야 할 회의록 작성법

주니어는 회의록을 적을 일이 많다. 하지만 회의록 양식이 없는 경우도 있고, 있더라도 왜 그러한 양식인지 모르고 적는 것과 알고 적는 건 다르기 때문에 설명해 보고자 한다. 아래는 회의록 샘플이다.

회의 요약

∘ 신제품 마케팅 기획안

회의 개요

❶ 일시   2020. 07. 12. (금) 15:00~16:30 (90분)

❷ 장소   서울시 ○○기관 ○층 회의실

　　　　(서울시 ○○구 ○○동 ○○−○○길)

---

❸ 참석 (총 5명)

◦ ○○기관 ○○○ 과장, ○○○ 대리, ○○○ 사원 (3명)

◦ 자사 ○○○ 팀장, ○○○ 사원 (2명)

❹ 주요 안건

◦ 한 달 후 출시되는 ○○의 마케팅 예산안 조정 논의

회의 내용

❶ 주요 내용 A

1) 세부 내용 a

◦ 키워드: 상세 설명

2) 세부 내용 b

◦ 키워드: 상세 설명

❷ 주요 내용 B

(상동)

향후 과업

❶ 과업 A (~7/20) – 담당자

◦ 세부 설명

❷ 과업 B (~7/23) – 담당자

◦ 세부 설명

이 회의록 샘플을 바탕으로 실제 현업에서 어떻게 비즈니스 문장을 뜯어고치는지 예를 들어 본다.

1) 일시

: 일시를 적을 때에는 최대한 텍스트를 빼고 문장 부호를 넣는다.

사람마다 호불호가 갈릴 수 있으나 가독성 측면에서는 문장 부호를 활용하는 게 효과적이다. '연, 월, 일'이라는 각각의 단어는 자음과 모음이 합쳐져 의미를 담고 있는 단어이지만 단순한 온점 '.'은 어떠한 해석의 여지도 없이 문장 부호 역할만 하고 있기 때문이다. 독자가 글을 해석하기 쉽게 만들기 위해서 불필요한 의미를 의도적으로 지운다.

Before 　2020년 7월 19일 금요일

After 　2020. 07. 19. (금)

개인적으로 모든 업무 대화에서 오전 또는 오후라는 말을 쓰지 않는다. 특히 야근이 많은 스타트업에서는 커뮤니케이션 미스가 종종 발생한다. 또한 회의록에서 텍스트가 많아지면 가독성이 떨어지므로 다음과 같이 표현한다.

Before 　오후 3시 ~ 4시 30분

After   15:00~16:30 (90분)

시간은 00:00 형태로 적고, 총 소요 시간도 적어 주면 좋다. 몇 분짜리 회의였는지에 따라 효율성을 가늠해 볼 수도 있고, 미팅의 경우 클라이언트가 얼마나 그 미팅을 중요하게 생각하는지 등을 알 수 있다.

2) 장소

: 외부 미팅의 경우 정확한 주소지를 적는다.

왜냐하면 이전 회의록을 보고 주소가 어디였는지 찾아볼 때가 있기 때문이다.

내부 회의 ○○건물 3층 회의실

　　　　　　(내부 미팅이나 모두가 아는 장소일 경우 간단히)

외부 회의 ○○건물 3층 회의실 (서울시 ○○구 ○○동 ○○-○길)

3) 참석 인원

: 누가 참석했는지를 적는다.

그래야 나중에 이 회의 내용에 대해 궁금한 게 생겼을 때, 참석했던 사람한테 물어볼 수 있다. 그리고 어떤 클라이언트가 참석했는지 알아야 의사 결정권자의 의견인지, 실무자의 의견인지 등등 정보의 가치를 매길 수 있다.

Before 3명 참석

After (1) ○○센터 김○○ 센터장, ○○기업 박○○ 과장, 유○○
인턴

After (2) 분류를 해주면 더 좋다.
- ○○센터 김○○ 센터장 (1명)
- ○○기업 박○○ 과장, 유○○ 인턴 (2명)

각 기관에서 몇 명이 참석했는지를 적어 주면 좋다. 미팅 자
체가 5명 이하의 소규모 미팅인지, 그 이상인지에 따라 회의
의 성격이 다르다. 그리고 회의록은 정제된 정보들을 빠르게
파악할 수 있어야 좋으므로 인원수를 괄호에 넣어 적는다.

4) 회의 안건

: 회의의 주요 안건에 대해 간략하게 정리하여 적는다.

다짜고짜 회의 내용부터 적는 게 아니라 어떤 내용에 대해
이야기했는지를 먼저 이야기해야 회의 내용이 잘 읽힌다. 적
을 때에는 구구절절 구어체로 적지 않고 단어 위주의 간략한
문어체로 서술한다. 다만 과도한 문어체 사용은 오히려 이해
하기 어려울 수 있다. 오해가 없도록 상황에 맞게 구어체로

풀어서 쓰는 것도 좋다.

5) 목적 및 요약

: 회의를 하게 된 목적을 적는다(선택사항).

간혹 회의 맥락을 설명해야 하는 경우가 있다. 이를테면 우리 팀에서 A프로젝트를 열심히 진행 중이었는데 어느 날 'A프로젝트 사업 종료 관련'이라는 회의록이 올라온다면 당황스럽지 않겠는가? 아래와 같은 회의 목적에 대한 설명이 있다면 오해가 없을 것이다.

주요 안건 A프로젝트 사업 종료 관련

회의 목적 프로젝트 종료 시 결과보고를 위해 미리 준비해야 할 서류가 있는지 검토 위함.

장황한 회의 내용을 줄줄이 적기 이전에, 회의록 상단의 미팅 개요 부분에 '회의 결과'에 대해서만 요약해 적어 놓는다면 팀원들의 시간을 줄여 줄 수 있다. 모든 이가 모든 내용을 다 확인할 필요는 없기 때문이다.

6) 향후 과업(Action Item, R&R, Due date)

앞서 Task의 KARD에 대해 이야기한 것처럼 핵심 요소들을 빠트리지 말자. 아래의 예시로 확인해 보자.

Before

- 견적서 수정해서 다시 발송드리기로.
- 다른 경쟁사 리서치하여 벤치마킹할 필요 있음.
- 이전에 비슷한 사업 경험 있는 사람은 진행했던 자료 정리해 오기.

After

- 견적서 수정 후 발송: 담당자 A (~납기)
- 경쟁사 벤치마킹: 담당자 B (~납기)
- 이전 사업 자료 정리해 오기: 담당자 A, C (~납기)

7) 인사이트(선택사항)

경우에 따라 회의록 혹은 글을 작성하는 사람의 의견을 함께 적으면 좋다.

Before

`영업 미팅 건`

~내용 정리~

❸ 향후 과업

- 계약 진행 여부 검토하여 회신드리기로 (~7/15)

여기까지는 평이한 회의록이다. 여기에 한 문장만 더 붙여본다.

After

영업 미팅 건

~내용 정리~

❸ 향후 과업

◦ 계약 진행 여부 검토하여 회신드리기로 (~7/15)

❹ 개인 의견

◦ 수익률 ○○% 이하인 건으로 진행하지 않는 편이 좋다고 생각합니다.

☑️ 챕터 요약

비즈니스 글쓰기
❶ **두괄식** 문장의 핵심 키워드만 추출해서 앞에 적는다.
❷ **넘버링** 문장을 쪼갠다.
❸ **카테고라이징** 쪼갠 문장을 분류한다.
❹ **문어체와 구어체** 쉽게 쓴다.
❺ **문장 부호와 띄어쓰기** 단어를 돋보이게 한다.

5

일을 10배 빠르게
처리하는 방법, 린 매뉴얼

린 매뉴얼이란······

《린 스타트업The Lean Startup》의 저자 에릭 리스Eric Ries는 린 사업 방식에 대해 풀어낸 바 있다. 이러한 방식에서 착안하여 린 매뉴얼이라는 개념을 제안하고자 한다. 통상 매뉴얼이라 하면 100페이지 분량의 거창하고 완벽한 교본을 떠올리곤 한다. 하지만 잘못된 편견이다. 처음부터 완벽한 제품, 완벽한 매뉴얼을 만들려는 시도가 실패를 부른다. 업무 효용을 높일 수 있는 매뉴얼을 잘 활용하기 위해 '린 매뉴얼' 개념을 알아보도록 하자.

린 매뉴얼이란 매뉴얼을 만드는 시간과 노력을 최소화하

고 당장 업무에 적용할 수 있는 최소 기능 매뉴얼이라 하겠다.

스타트업에서 업무를 효율적으로 처리하는 건 필수다. 스타트업 구성원 개개인은 일당백으로 매일 많은 업무를 처리한다. 그리고 매뉴얼은 수많은 업무를 효율적으로 처리하는 가장 효과적인 레버리지 수단이다.

하지만 매뉴얼을 만드는 건 쉽지 않다. 매뉴얼은 해당 업무를 가장 잘 아는 실무자가 만들 수밖에 없는데 실무자는 항상 바쁜 탓이다. 몰아치는 현업을 처리하는 실무자들은 정신이 없거나 비효율적인 방식에 익숙해져서 매뉴얼 만들 생각을 하지 못한다. 혹은 매뉴얼 작업을 큰 프로젝트처럼 여겨서 엄두도 못 낸다.

그래서 대개 CEO나 팀장이 실무자에게 업무 매뉴얼을 만들도록 지시한다. 하지만 실무자가 필요에 의해 만들기 시작한 매뉴얼이 아니라면, 겉보기에만 훌륭한 매뉴얼이 만들어지기 일쑤다. 매뉴얼의 핵심 기능에 집중하는 게 아니라 '매뉴얼을 위한 매뉴얼'을 만들기 때문이다. 그래서 매뉴얼에는 무엇보다 린한 방식이 필요하다.

많은 사람들이 매뉴얼 만드는 법을 궁금해한다. 하지만 매뉴얼을 만드는 첫 번째 단계는 매뉴얼이 중요한 게 아니라는 걸 깨닫는 것이다. 이것은 여러 수단 중 하나일 뿐이다. 매뉴얼의 핵심 기능은 레버리지를 높이는 것이고, 다시 말해 우리는 업무 효율을 높이는 데만 집중해야지 매뉴얼이라는 환상적인 마법서를 만드는 데 집중해선 안 된다. 매뉴얼이 실패하는 대부분의 이유는 이러한 환상 때문이다.

실무자가 매뉴얼을 만들지 못하는 이유

좀 더 현실적으로 매뉴얼이 제대로 만들어지지 않는 이유는 무엇일까?

1) 자동화에 대해 고민하지 않는다

사람은 비효율에 쉽게 익숙해진다. 이미 비효율적인 방식에 숙달되어 '일을 효율적으로 처리하고 있다'는 착각에 빠지기 쉽다. 이를 '일에 관성이 생긴다'고들 한다. 하던 대로 처리하는 것에 익숙해진 실무자들은 업무를 효율화할 수 있다는 생각을 하지 못하거나 그럴 필요성을 느끼지 못한다.

2) 근시안적인 관점이 문제다

주어진 일을 처리하는 데 급급하여 나중의 일을 생각하지 못한다. 똑같은 일을 다음에 또 하게 될 거라는 걸 모른다. 알아도 너무 바빠서 신경 쓸 겨를이 없다고 생각하거나 융통성 없이 당장 주어진 일부터 시작한다.

혹은 팀 관점에서 사고하지 못한다. 자기한테 주어진 일을 혼자 처리해 내는 것에 몰두한다. 다른 팀 동료가 나와 똑같은 일을 하고 있더라도 협업할 생각 자체를 하지 않는다. 기본적으로 자기 업무, 자기 팀 안에서만 생활한다.

3) 부담스러워한다

동료에게 협업을 제안 또는 강요하는 걸 부담스러워하기도 한다. "제가 그런 걸 해도 되나요?", "저는 들어온 지 얼마 안 돼서……", "괜히 나서는 것 같아서……" 등의 이유를 대며 피한다. 조직 구조나 문화가 경직되어 있거나 회사 안에 권위적인 관리자가 있을 경우 더더욱 심각하다.

매뉴얼 자체를 거창하게 생각해서 부담을 느끼기도 한다. A to Z를 완벽하게 정리해야 한다고 생각하는 경우가 많다. 그래서 '업무를 효율화'할 생각을 하는 게 아니라 '매뉴얼 작업' 자체를 하나의 프로젝트나 업무로 여긴다.

매뉴얼을 만드는 특별한 비법이나 방법이 있는 게 아니다. 현업에서 매뉴얼이 만들어지지 않거나 망하는 건 이와 같은 편견들 때문이다. 린 스타트업에서 MVP Minimum Viable Product,

최소 기능 제품을 만들듯이 매뉴얼도 최소한의 핵심 기능만 구현한 베타 버전을 만들어서 빠르게 실무에 적용해야 한다. 가볍게 만들어서 빨리 실무에 적용해 보고 개선해 나가는 방법이 '린 매뉴얼'이라 할 수 있겠다.

매뉴얼의 기능

매뉴얼의 효용은 세 가지가 있다. 첫째, 비효율적인 단순 업무 등을 자동화한다. 둘째, 업무를 수행할 수 있는 인원을 늘려서 과업이 효율적으로 분산되게 만든다. 셋째, 여러 사람의 QCQuality Control, 업무 결과물의 품질를 동일한 수준으로 통일시키고 향상시킨다.

린 매뉴얼의 종류

린 매뉴얼에는 크게 대시보드Dashboard, 풀덱Full-deck, 가이드Guide 이렇게 세 가지 종류가 있다. 각각 어떤 매뉴얼인지 예시와 함께 자세히 살펴보자.

1) 대시보드

요약 최신 요약 문서 또는 파일

의미 자동차 운전석에서 주행 속도나 남은 연료 현황 등의 정보를 한눈에 볼 수 있는 계기판이 대시보드다. 이처럼 산발적으로 퍼져 있는 데이터를 한곳에 보기 좋게 모아 놓고 최종 버전으로 업데이트하여 관리하는 것이 대시보드 매뉴얼이다. 노션Notion이나 구글 시트처럼 공동으로 작업이 가능하면서 실시간으로 업데이트되는 툴을 활용하는 게 일반적이다. 혹은 여러 버전 중 최종 버전의 파일을 모아 놓는 폴더 형태로 운영하기도 한다.

1	2	3
대시보드	**풀덱**	**가이드**
• 최신 요약 문서 또는 파일 • 산발적으로 퍼져 있는 데이터를 한곳에 모아 놓는 최종 업데이트 파일이 필요(노션, 구글 시트 등 활용).	• A부터 Z까지의 여러 정보를 한군데서 보기 쉽게 모아 놓는 것. • 필요한 부분을 쉽게 뽑아 쓸 수 있도록 한 것.	• 다른 사람이 매뉴얼만 보면 해당 업무를 수행할 수 있도록 가이드한 것.
− Task 관리 시트 − Project Timeline − 연차 사용 내역 − OKR 대시보드 − 고객 분석 시트	− PPT 재료 풀덱 − 제안서 풀덱 − 교재, 콘텐츠 풀덱	− 영업 가이드, 전화 응대 − 운영 매뉴얼 − 강의, 코칭 가이드 − 용어집

예시 ❶ 용어집

외부 마케팅, 브랜딩 차원에서 전사 모든 부서가 동일한 표현을 사용하기 위해서 용어집을 만든다. 특히 시장 반응에 따라 제품 또는 서비스의 소구점이 변하는 경우가 많은데, 이럴 때 용어집을 최신화하여 누가 언제 보더라도 일관된 용어를 사용할 수 있도록 한다. 제안서, SNS광고, 회사 홈페이지 등 각 영역에서 이 대시보드를 기준으로 작업한다.

예시 ❷ 프로젝트 관리 시트

프로젝트 진행 현황을 하나의 구글 시트로 관리한다. 프로젝트 목표를 달성하기 위한 세부 과업을 적고, 각각의 담당자와 납기, 진행 현황(완료 여부)을 표기한다. 각 과업의 담당자는 자신의 과업 진행 상황을 업데이트한다. 이를 통해 PM은 프로젝트 진행 현황을 실시간으로 관리하며 지연되는 업무를 촉진시키거나 업무가 과중한 인원의 업무를 덜어주는 등의 관리를 할 수 있다.

예시 ❸ OKR 대시보드

OKRObjective & Key Results[14]은 기업의 성과 목표를 촉진시키는 경영 기법 중 하나다. 기업은 OKR 목표를 설정하고 목표에 맞게 회사의 자원을 관리해야 한다. 회사 전체의 OKR 목표를 달성하기 위해 각 부서 또는 팀의 OKR 목표를 정하기 때문에 전체 OKR 현황을 대시보드로 관리하는 게 좋다. 특히 OKR의 핵심은 목표를 끊임없이 상기시켜서 구성원들이 항상 도전적으로 일하도록 촉진시키는 것이기 때문에 최신화된 OKR 대시보드를 만들고, 회사 전체의 OKR이 어떻게 구성되는지를 정리해 놓는 게 필요하다. 그래야 자기 팀과 개인의 업무가 어떻게 목표에 기여하는지 이해하고 스스로 동기 부여할 수 있기 때문이다.

2) 풀덱

요약 A부터 Z까지의 여러 정보를 한군데서 보기 쉽게 모아 놓는 것

의미 카드 덱을 만들어서 상황에 맞게 필요한 카드를 꺼낼 수 있도록 만드는 것처럼, 활용 가능한 자원을 모아 하나의 덱으로 만드는 걸 말한다. 매번 자료를 찾기 위해 구글 드라이브를 헤매거나 동료에게 요청하는 게 아니라 풀덱 파일 또는 폴더 하나만 있으면 원하는 정보를 단번에 찾을 수 있도록 조치한다.

예시 ❶ PPT 재료 풀덱

PPT를 만들 때마다 시간을 잡아먹는 반복 업무가 있다. 정

해진 PPT 레이아웃Layout 형태를 맞춘다든지 CICorporate Iden-tity에 맞는 색상을 사용한다든지 도형이나 도식을 그리는 업무들이다. 이를 효율화하기 위해 완성된 레이아웃 형태와 색상, 다양한 도형과 도식을 하나의 PPT 파일 안에 모두 넣어 둔다. 작업자는 이 하나의 풀덱 안에서 필요한 도형을 그대로 '복사 – 붙여넣기'하여 사용한다.

예시 ❷ 제안서 풀덱

제안서에 들어가는 항목은 대개 비슷하다. 이러한 각 항목별로 들어갈 재료를 하나의 파일 또는 폴더에 모아둔다. 제안서를 새로 작성할 때에는 사업 내용에 맞게 풀덱에서 필요한 재료를 뽑아서 쓴다. 제안서를 새로 만들거나 내용이 바뀔 때마다 풀덱을 함께 업데이트해 준다.

예시 ❸ 콘텐츠 Backbone

Backbone, 즉 뼈대가 되는 파일 하나를 만든다. 교육 회사를 예로 들면 교육할 콘텐츠의 내용, 템플릿, 소요 시간, 준비물, 투입 인력 등 모든 항목을 하나의 Backbone 파일로 만든다. 이것을 바탕으로 교육 프로그램을 기획하고 제안서를 만들고 R&D 한다.

3) 가이드

요약 업무 지침

의미 다른 사람이 매뉴얼만 보고 해당 업무를 수행할 수
있도록 업무 지침을 정리하는 것이다. 업무 병목현상
이 일어나지 않도록 여러 사람이 업무를 쉽게 나누어
가질 수 있게 만들면 새로운 인원이 들어왔을 때 인
수인계 시간을 줄여 준다.

예시 ❶ 전화 응대 가이드

제품 또는 서비스에 대해 이해도가 높은 사람만 고객 전화
에 응대할 수 있을 경우 시도 때도 없이 걸려오는 전화에 해
당 담당자의 업무는 마비될 것이다. 전화 응대 매뉴얼을 만들
어서 다른 동료가 전화를 받더라도 해당 제품 또는 서비스에
대한 문의에 대응할 수 있도록 가이드를 만든다.

예시 ❷ 운영 매뉴얼

각종 업무에 대한 운영 매뉴얼을 만들어서 여러 사람의 업
무 퀄리티를 상승시킨다. 제각각 일을 처리하는 방식이 다르
고, 더 나은 업무 노하우를 가지고 있는 사람이 분명히 있기
때문에 이를 하나로 모아 가이드를 만든다. 여러 실무자의 업
무 방식을 녹이기 위해서는 일대일 면담이 필수적이다.

매뉴얼 운영 노하우

1) 처음 하는 일이라면 매뉴얼을 만들면서 일한다

매뉴얼의 시작은 자기만의 업무 방법론을 만드는 것에서 출발한다. 과업을 수행하기 전에 노트북에서 손을 떼고 머리로 생각해야 한다. 어떻게 하면 일을 효율적으로 처리할 수 있을지 방법론을 정리한 다음 일을 시작하는 게 좋다. 매뉴얼은 일을 효율적으로 하기 위한 수단 중 하나로서 업무 방법론을 만드는 작업이다.

이미 비효율에 익숙해진 뒤에는 업무 방법론을 만들기가 쉽지 않다. 때문에 어떠한 일을 처음 시작할 때부터 업무 방법론을 만들어 나가야 성공한다. 초심자만이 캐치할 수 있는 포인트가 있기 때문이다.

2) 실전에서 바로 써먹을 수 있는 매뉴얼을 만든다

핵심 기능만 구현하여 실전에 바로 사용하고, 업데이트 및 개선하는 방식으로 제작한다. 매뉴얼은 단순히 업무의 A to Z를 정리하기 위해 만드는 게 아니다. 매뉴얼의 완성도를 높일 시간에 한 번이라도 더 실전에 활용하고 문제점을 개선하는 게 낫다. 일례로 매뉴얼 만드는 데에만 3개월을 쏟은 팀원이 있었다. 조금의 과장을 보태 100페이지 분량의 매뉴얼을 만들었으나 그 누구도 매뉴얼을 확인할 엄두를 내지 못했다.

린 매뉴얼은 제작하는 과정에서 항상 사용자의 의견을 반영해야 한다. 실제로 매뉴얼을 쓰게 될 사람들의 의견을 수렴하고 반영해야 실용적인 매뉴얼이 나온다.

3) 초반 시행에는 약간의 강제성이 필요하다

다시 한 번 말하지만 일에는 관성이 있다. 사람들은 기존에 일하던 방식으로 일하는 걸 선호한다. 새로운 업무 규칙이나 매뉴얼을 만들어서 제안하더라도 호응하지 않을 가능성이 매우 높다. 이를 해결하기 위해서는 매뉴얼이 실제로 업무 효율을 높여 준다는 효용을 체감시킬 필요가 있다.

그래서 약간의 강제성을 부여하는 게 필요한데 관리자가 아닌 실무자 입장에서는 큰 부담일 수밖에 없다. 이럴 땐 경영진이나 팀장을 설득하여 지원을 받거나 해당 과업에 관련된 킹핀Kingpin을 설득하는 게 좋다. 킹핀이란 볼링핀 중에서 가장 앞의 1번 핀 뒤에 숨은 5번 핀을 의미한다. 5번 핀을 제대로 맞춰야 모든 핀이 쓰러지는 스트라이크가 나온다. 매뉴얼도 마찬가지로 팀장을 설득하기보단 해당 과업의 핵심 이해관계자를 설득하는 게 유리할 수 있다. 그래서 내가 매뉴얼을 발의하는 게 아니라 킹핀의 입을 빌려 매뉴얼을 제안하는 게 효과적이다.

린 매뉴얼의 핵심

린 매뉴얼은 개념과 철학이 더 중요하다. 우리는 레버리지라는 거대한 프레임 안에서 사고해야 한다. 평범한 사람은 월급을 조금씩 모아 수십 년이 걸려 집을 사지만, 영민한 사람은 빚을 내어 집을 산 뒤 집값이 올랐을 때 팔아 더 많은 이윤을 남긴다. 다른 자원, 다른 사람의 노동력, 역량을 활용하여 나의 업무 효율을 높이는 건 레버리지라는 개념을 명확하게 이해했을 때 가능하다.

매뉴얼의 핵심 기능은 레버리지다. 어떤 방식이 되었든 레버리지를 극대화하는 방법을 찾아내면 된다. 매뉴얼을 어떻게 만들어야 하나요? 양식은 어떻게 만드는 게 좋은가요? 이런 지엽적인 문제를 고민하는 건 '매뉴얼을 위한 매뉴얼', '정리를 위한 정리'를 부추길 뿐이다. 매뉴얼이라는 이름과 수단에 집착하지 말고 업무 효율을 높일 수 있는 방법을 고민하는 게 낫다.

그래서 린 매뉴얼이다. 사업가가 1년 동안 열심히 만든 제품 또는 서비스가 왜 시장에서 먹히지 않는가? 시장 반응을 제대로 알지 못한 채로 자기 머릿속에서만 완벽한 제품 또는 서비스를 만들려고 하기 때문이다. 디자인이나 양식 따위에 집착하고 핵심 기능을 검증하지 않기 때문에 제품-시장 적합도를 만족시키지 못하는 제품이 나온다. A에서 B까지 빠르게 이동하는 핵심 기능을 구현하는 건 수억 원짜리 자동차가 아니라 30만 원짜리 전동 킥보드로도 가능한 일이다. 실제 사용자가 원하는 기능이 무엇인지 검증하지도 않고서 처음부터 완벽한 자동차를 만들려는 식이니까, 100페이지짜리 쓸모없는 매뉴얼이 나온다.

어떻게 해야 일을 더 효율적으로 할 수 있을지에 집중하도록 하자.

☑️ 챕터 요약

린 매뉴얼이란?
매뉴얼 만드는 시간과 노력을 최소화하고 당장 업무에 적용할 수 있는 최소 기능 매뉴얼이라 하겠다.

실무자가 매뉴얼을 만들지 못하는 이유
❶ 자동화에 대해 고민하지 않는다.
❷ 근시안적인 관점 때문이다.
❸ 부담스러워한다.

매뉴얼의 기능

❶ **자동화** 비효율적인 단순 업무 등을 자동화한다.

❷ **가이드** 업무를 수행할 수 있는 인원을 늘려서 과업이 효율적으로 분산되게 만든다.

❸ **QC관리** 여러 사람의 업무 품질을 동일한 수준으로 통일시키고 향상시킨다.

매뉴얼 운영 노하우
∘ 처음 하는 일이라면 매뉴얼을 만들면서 일한다.
∘ 매뉴얼을 위한 매뉴얼이 되지 않도록 실전에서 바로 써먹을 수 있는 매뉴얼을 만든다.
∘ 초반 시행에는 약간의 강제성이 필요하다.

PART 4

어떻게
더 성장할 수 있을까?

: 로켓 얻어 타지 말고, 직접 로켓이 되는 방법

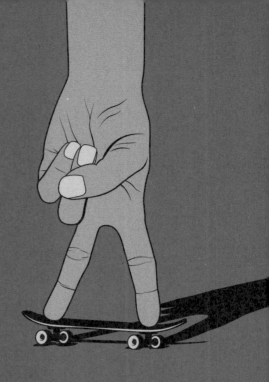

회사에서 쏜살같이 지나가는 시간을 잘 버티고 나면, 스스로 성장한 것 같은 기분이
든다. 내가 맡은 업무도 어느 정도 다 할 줄 알고, 업무량이 많더라도 경험에서 나오
는 여유가 생기기 때문이다. 하지만 회사의 울타리를 벗어나 전체 업계의 기준을 마
주하는 순간 후회하게 된다. 그래서 안주하지 않도록, 스스로 성장하는 습관을 만들
어야 한다.

1

스타트업에서 성장한다는
주니어의 착각

시장에서 통할 수 있어야 진짜 성장이다

주니어가 스타트업에 채용되어 입사했다면 대개 그 스타트업은 성장한다. 왜냐하면 성장하고 있으니까 사람을 뽑기 때문이다. 정말 성장이 어려운 스타트업은 인건비가 가장 큰 부담이고 쉽게 사람을 늘리지 못한다. 그러니까 주니어들이 일반적인 채용 경로를 통해 입사하게 되는 스타트업들은 대부분 성장하고 있는 회사다. 흔히 스타트업을 로켓에 비유하는데 실제로 로켓처럼 빠르게 성장한다.

조직 내부에 있으면 외부에 있을 때보다 훨씬 성공이 크게 다가온다. 매출이 1억에서 2억으로 뛰었을 때, 고무적인 성장을 이뤄낸 것에 대해 다 같이 자축하고 동기 부여된다. 구매 전환율이 꾸준히 개선되어 상승했을 때 지난 기점에 비하여 얼마나 성장했는지 스스로도 감개무량해지곤 한다. 특히 주니어로서 내가 많은 권한과 책임을 안고 시도한 일들이 어떤 성과를 냈을 때 당연히 기분이 좋을 수밖에 없다.

하지만 나와 회사의 위대함은 어디까지나 '은밀하게 위대'했다. 어떤 모임에 나가 무슨 스타트업이라 이야기했지만 아무도 알지 못했다. 명절 때 친척들은 내게 더 이상 직장에 대해 물어보지 않았다. 이제는 연 매출 몇억 회사가 되었다고 열심히 이야기해 보았지만, 투자를 1,000억씩 받는 스타트업도 똑같이 '스타트업'이라고 불렸다. 대기업 종사자들은 '5조 원 규모 제조업 회사'에서 근무한다고 자신들을 소개했다. 그들이 한 건에 굴리는 돈이 몇억도 아니고 몇천억 규모도 허다했다.

회사의 성장은 나의 성장이라고 믿었다. 실제로 회사가 성장하는 만큼 나도 꽤나 성장했다. 작은 비즈니스라 할지라도 결코 쉬운 일이 아니고, 실력이 있어야만 가능한 일이라고 지금도 믿는다. 하지만 주변에 아무나 잡고 이야기해 봐도 "그래?" 하고 말았다. 그게 '현실'이었다. 다른 협상 테이블에서는 '○○ 출신 마케터', '○○ 출신 누구'가 다른 메이저 스타트업의 '○○ 출신'이 되었다. 자꾸만 주눅 드는 나 자신을 발견하게 된다.

현업에 치여 매일의 지표와 실무들을 쳐내다 보니 그 작은 성장들이 너무나 크게 보였고, 정작 '나의 성장'에는 소홀했다. 커리어 개발의 기준을 '시장'에 두어야 하는데 단지 그 '회사' 안에서만 두었던 것이다. 그러니 시장에 나갔을 때 이야기할 만한 '나의 성장'이 적을 수밖에 없었다.

회사가 성장하는 것, 좋다. 회사가 성장하는 만큼 내가 성장하는 것도 맞다. 하지만 시장의 기준에서 통용될 수 있는 성장의 근거를 지금부터 만들어야 한다. 그 근거가 조직 내부의 관점에 머물러 있으면 작은 성공도 커 보이고, 시장의 관점에서 인정받는 성장을 놓치게 된다. 우리 스타트업이 '내 회사'라고 생각하고 몰입했지만 결국 내가 창업한 회사도 아니고, 그 자체만으로는 내 성과로 남지도 않는다. 주인의식을 갖고 몰입하는 건 좋지만 언제나 '시장'의 관점을 견지하고 있어야 한다. 개인 커리어 관점에서 말이다.

성장의 과정을 기록하여 포트폴리오로 만드는 방법

스타트업은 빠르게 성장하고자 하기 때문에 매일 업무량도 많고, 새롭게 시도하는 일도 많다. 덕분에 스타트업 종사자는 안일한 회사에 다닐 때보다 훨씬 많은 업무를 시도해 보고 성장할 수 있다. 하지만 이는 장점이기도 하지만 단점이기도 하다.

실무에 치여서 번아웃이 자주 온다. 그러나 그보다 큰 문제는 하루하루를 기록해 놓지 않아서 소중한 경험들을 잃어버린다는 점이다. 스타트업에서는 빠르게 성장하는 만큼 정신없이 하루가 지나간다. 그렇게 6개월, 1년이 쏜살같이 지나고 보면 뭘 했는지 기억도 못 하는 경우가 허다하다. 많은 주니어들이 뒤늦게 자신이 참여한 프로젝트를 기록으로 남기려 하지만 시간이 지나면 잊기 마련이라 후회한다.

특히 퇴사한 다음에는 포트폴리오를 만들기가 어렵다. 내 경험과 경력을 정리한 포트폴리오를 만들려면 정량적인 수치나 사진 파일 등 구체적인 데이터가 필요하다. 포트폴리오를 만드는 과정에서 필요한 자료들은 계속해서 생겨난다. 그런데 이미 회사를 퇴사한 시점에서는 회사 계정에 접근할 수 없기 때문에 원하는 데이터를 가져올 수가 없다. 퇴사가 처음인 주니어들이 자주 겪는 일이다.

단지 내가 회사에서 무슨 경험을 했다는 사실은 구직 시장에서 전혀 신뢰성이 없다. 예를 들어 내가 영업을 담당했고 회사가 200% 성장했다며 주장해도, 구체적으로 어떻게 얼마나 기여했는지 경험을 증명해 내지 못하면 인정받기 어렵다. 심지어 출신 회사가 공신력 없는 중소기업, 작은 스타트업이라면 더더욱 그렇다.

그래서 일하는 동안에 업무 성과가 휘발되지 않도록 기록을 남겨야 한다. 시장의 관점에서 통용될 수 있는 기록은 예를 들면 다음과 같은 것들이 있다.

정량적 수치　영업 건수, 매출 상승분, 광고 성과, 프로젝트 성과 등 숫자로 표현할 수 있는 실제 사업 데이터

업무 결과물　디자인 결과물, 시안, 프로젝트 결과보고서, 언론 보도 등 눈으로 확인할 수 있는 업무 성과물

문제 해결　일하는 동안에 직면한 문제를 어떻게 분석하여 해결책을 시도했는지, 그리고 그 결과 문제가 어떤 식으로 해결되었는지 과정을 기록한 것

단지 내 성장의 과정을 증명하기 위해서만 기록이 필요한가? 그렇지 않다. 스타트업에서 다양한 시도와 도전을 많이

해볼 수 있는 만큼, 도전에서 얻는 경험치를 극대화하려면 도전 과정을 세밀하게 설계하는 작업이 필요하다. 그 방법이 '회고'다.

린하게 회고하기

스타트업에서는 '린 스타트업' 방식이 유행한다고 이야기한 바 있다. 개인의 성장도 마찬가지로 '린하게' 적용해 볼 수 있다. 사업 자체가 가설을 세우고, 새로운 시도를 빠르게 실행하고, 거기서 피드백을 얻어서, 다시 개선안을 실행하는 식으로 돌아간다. 그 사업을 수행하는 실무진도 같은 방식으로 프로젝트와 함께 성장한다.

제품을 개선하듯이, 우리도 자신의 업무 방식과 직무 역량을 개선해야 한다. 살아지는 대로 살지 말고 매일 어제보다 더 나아지기 위해 노력한다. 이렇게 나의 성장 과정을 돌아보고 기록하는 게 '회고'라는 방식이다.

업무 회고 내용은 내가 문제를 해결하는 역량과 사고방식을 보여준다. 이러한 내용은 사업 규모가 작든 크든 여러 상황에 적용할 수 있는 무기가 된다.

특히 핵심은 'B나 C가 아니라 A다'라고 말할 수 있느냐이다. 예를 들어 스타트업에서 '영업'이 중요하다는 말은 누구나 할 수 있다. 그런데 왜 SNS마케팅이나 브랜딩이 아니라 영업이 중요하다는 건지 설명할 수 있어야 의미가 있다. 영업이야 매출을 올리기 위한 여러 방법 중 하나이고 기본적인 방식이니 당연히 중요하리라. 그런데 우리 회사에서는 왜 하필 영업에 더 집중해야 했는가?

예를 들어 이런 식으로 답할 수도 있겠다. 새로운 제품을 런칭한 상황에서 우리 회사는 아직 고객이 원하는 가치를 정확하게 알지 못했다. 어떤 가치에 반응해서 우리 제품을 구매하는지 잘 모르기 때문에 타깃 고객을 구체적으로 세우기도 어려웠다. 이런 상황일 때 바다 한가운데에서 아무 방향으로나 낚시찌를 던지듯 SNS마케팅을 시작하면 성과가 날 수가 없다. 그래서 고객을 직접 만나 분석하고, 제품을 팔아 보고, 질적 인사이트를 더 많이 얻을 수 있는 영업 방식으로 고객과 가치 제안Value Proposition[15]부터 검증해 나가야 했다. 그래서 나는 영업과 고객 분석에 더 집중해서 A프로젝트를 진행했고 이러이러한 성과가 나왔다.

이와 같이 내가 문제 상황을 제대로 분석하고 있는지, 거기서 어떤 근거로 어떤 결정을 내렸는지가 중요하다. 비슷한 문제 상황이 오더라도 합당한 근거를 찾아내서 합리적인 결정을 내릴 수 있다는 걸 보여주기 때문이다.

회고는 정확히 이 과정을 기록하는 활동이다. 바쁘게 돌아가는 일과 중에서 내가 어떤 고민을 하는지, 어떤 시도를 왜 하는지, 그 결과는 어땠는지 돌아보고 매일 기록을 남기면 포트폴리오 자산이 된다. 스타트업에서 빠르게 성장하고, 성장 이후의 커리어까지 준비할 수 있다.

하루에 3%만 성장하기

연평균 성장률이 3%라고 했을 때, 24년 뒤에는 처음보다 2배 성장하게 된다. 현재의 상태를 100이라고 봤을 때, 24년 뒤에는 약 200이 된다는 이야기다. 다시 말해, 매일 3%씩만 성장하면 24일 뒤에는 두 배만큼 성장할 수 있다. 회고를 해야 하는 이유다.

나는 매일 회고를 한다. 그날의 업무를 복기하고, 느낀 점이나 개선할 점을 찾아서 억지로 적는다. 막상 글로 적으려 하면 쓸 말이 없는 날도 많다. 대단한 통찰이나 깨달음이 없더라도 그렇게 한 줄씩 적다 보면, 작은 생각이 쌓여 깨달음으로 이어지기 때문이다. 어제보다 조금씩만 성장하자는 마음가짐으로 그렇게 일한다.

개발자 직군이나 디자이너 등 여러 직군에서도 회고를 한다. 분기나 반기, 연 단위로 자신의 프로젝트와 업무적 성과를 되돌아보고 개선점을 찾는다. 하지만 이렇게 한 번에 몰아서 회고를 하면 부담이 돼서 시작하기가 어렵다. 수개월 동안 너무나 많은 일이 있었는데, 이를 하루에 몰아서 회고하려면 방대한 양에 질려서 시작하기 겁나는 것이다. 그래서 회고에 부담 가질 필요 없이 자주 하면 좋다.

주니어 때엔 특히 부담을 크게 느낀다. "내가 뭐라고, 대단한 깨달음이 있겠어"라고 생각하며 회고 자체를 하지 않는다. 그래서 마음가짐을 가볍게 잡는 것이다. 어제보다 딱 3%만 더 나아지면 된다. 한 줄이라도 쓰는 작디작은 행위가 쌓여서 성장한다.

2

성장 엔진 장착하기, 회고 방법론

그렇다면 회고는 어떻게 적을 것인가?

당장 회고를 쓰려면 어떻게 하는 게 좋을까. 회고를 적는 주기나 시점, 작성 방법, 회고의 질을 높이는 방법에 대해서 이야기하고자 한다. 물론 정답은 없다. 자기 스타일에 맞는 방식을 찾아 나가도록 하자.

여담으로, 조직 차원에서도 프로젝트 회고나 업무 회고는 중요하다. 업무 성과에 영향을 끼치기 때문이다. 한 프로젝트가 끝난 뒤에는 무조건 이해 관계자들이 모두 모여 프로젝트를 회고하는 회사도 많다. 스타트업에 다니는 주니어라면 회고는 사실상 선택이 아니라 의무일 가능성이 더 높다.

1) 회고 주기 및 시점

회고의 주기는 너무 늘어지지 않게 적는 게 좋다. 통상 회고를 적는 사람이 많은 직군은 개발, PM, PO Product Owner, 서비스 기획 등이다. 그런데 프로젝트 단위로 1~3개월에 한 번 적거나 6개월 또는 1년 단위로 적는 경우가 많다. 물론 정답은 없겠지만 개인의 성장을 위해 회고를 적을 거라면 좀 더 자주 적는 것을 추천한다.

매일 회고 일과가 진행되는 월요일~금요일에 매일 적는다.
주 2회 이상 회고 1~3일에 한 번꼴로 최소 주 2회 이상 적는다.

그러니까 만약 회고를 적는다면 최소 주 2회 이상은 적거나 매일 적는 걸 추천한다. 성찰과 도전의 루틴을 형성하기 위해서다. 능동적으로 성장하기 위해서는 나에게서 개선점을 찾아내고 반드시 새로운 실행 과제를 만들어 내야 한다. 그래서 시도한 결과를 다시 돌아보고, 학습하는 반복 구조를 형성하는 것이다.

그런데 일주일 이상 회고하지 않으면 루틴이 깨지기 쉽다. 특히 스타트업의 특성상 실무가 많고 빠르기 때문에 기억에서 쉽게 잊힌다. 린하게 성장하려면 성찰과 도전의 루틴을 1~3일 정도로 반복할 필요가 있다.

회고를 적는 시점은 아무래도 하루 일과가 끝날 때나, 프로젝트가 종료될 때가 좋다. 업무적으로 프로젝트 종료 회고를 이르는 용어 중 'wrap-up'이라는 표현이 있다. 일하는 체계가 잘 잡힌 스타트업은 프로젝트가 끝나면 항상 무조건 프로젝트를 wrap-up한다. 전체 과정을 돌아보면서 회고하는 걸 의미한다.

하루에 대한 회고를 다음 날 아침이나 밤에 적는다면 많은 기억들이 휘발된다. 기억이 휘발되지 않기 위해 회고를 적는 것인데, 푹 자고 일어나서 회고를 적으면 효용이 반감되는 게 당연한 이치다. 회고 습관을 들이기 위해서라도 회고는 당일 날 즉시 적는 게 좋겠다.

하루 회고(밤)   업무와 나 자신에 대한 회고는 당일 밤에 적는 게 좋다.

업무 회고(즉시 또는 밤)   만약 업무를 하는 동안에 느낀 점이나, 떠오른 인사이트가 있다면 그 즉시 회고로 기록하는 게 좋다.

리마인드(아침)   회고는 밤을 넘기지 않도록 하되, 다음 날 아침에 전날의 회고를 상기시키는 건 습관 형성에 도움이 된다.

2) 회고 작성법

회고를 작성하는 기본 원칙은 스스로 부담이 되지 않아야 된다는 점이다. 자신을 돌아보고 성찰하는 작업은 생각보다

심적 부담이 크다. 시간을 내서 뭔가 해야 한다는 것도 큰 부담이 된다. 회고의 형식과 강제성에 너무 초점을 맞추다 보면 회고 습관을 들이는 데 방해가 될 수 있다. 그래서 회고 작성 방식을 정하면 좋지만, 너무 부담 되지 않도록 스스로 조절하도록 한다. 회고를 적기 어렵다면 다음과 같은 형식을 빌려 볼 수 있겠다.

❶ 잘한 점, 개선할 점, 실행 과제

잘한 점은 유지하거나 강화하고, 부족한 점은 개선해야 할 부분으로서 성찰한다. 그리고 반드시 앞으로 새롭게 실행할 과제까지 스스로 만들어 본다.

❷ 사실, 느낌, 교훈, 실행 과제

어떤 일이 있었고, 나는 그 일에서 무엇을 느꼈는지, 결론적으로 얻은 교훈은 무엇인지 정리한다. 그리고 마찬가지로 시도해 볼 실행 과제까지 적어 본다.

❸ 다이어리 방식

형식에 얽매이지 말고 일기 쓰듯이 가볍게 적는다. 양식도 없고 두서없이 적어도 괜찮다. 두세 줄이라도 일기 쓰듯이 가볍게 적어 본다.

3) 회고의 질을 높이는 방법

성장 욕구가 강한 주니어라면 똑같은 회고를 하더라도 더 잘하고 싶을 거라고 생각한다. 회고의 질을 높일 수 있는 방법은 무엇이 있을까?

❶ 회고 아카이브하기(월별, 분기별 점검)

1~3일 단위로 적는 회고들을 몰아서 되돌아볼 수 있도록 아카이브 archive 즉, 저장한다. 매일 대단한 인사이트를 뽑아내기는 힘들다. 그래서 월별, 분기별로 보다 완결성 있는 인사이트를 뽑아내도록 한다. 나는 이를 위해 회고를 월별로 보기 쉽게 정리해 두는 편이다.

❷ 함께 회고하기(프로젝트 회고)

같은 주제에 대해 여러 사람이 함께 회고한다. 회고를 혼자 하는 건 무인도에서 불을 피우는 법을 혼자 알아내는 것과 같다. 다른 사람과 함께 회고하면 이미 불 지피는 법을 아는 동료가 성장 속도를 비약적으로 높여 줄 것이다. 다른 사람의 경험과 노하우, 인사이트, 새로운 관점을 접하는 것만큼 좋은 게 없다. 같은 주제를 논하더라도 다양한 인사이트를 얻을 수 있으니 팀 단위로 회고하는 것을 추천한다.

❸ 회고 공유하기

다른 사람에게 내 회고를 보여 주고 공개하는 방법이다. 의식적으로 회고를 더 쉽게 정리하며, 잘 쓰기 위해 노력하게 되므로 회고 수준이 향상된다. 아무도 보지 않는 일기장에 혼자 회고를 적으면 무의식적으로 내가 아는 내용은 생략하며 대충 적는다. 그러니까 다른 사람이 읽을 것을 전제하고 더 객관적으로 회고를 적어 보자.

회고 다이어리 공유하기

회고 공유에 관해 조금 더 자세히 풀어 보려고 한다. 개인적으로 회고의 질을 높이는 가장 좋은 방법은 다른 사람이 읽어 볼 수 있는 곳에 나의 회고를 공개하는 일이었다. 하지만 자연히 부담이 크게 늘어난다. 회고의 기본 원칙이 '부담을 느끼지 않는 것'이라 이야기했듯이 회고 공유는 양날의 검이 될 수 있다.

그래서 보다 발전된 회고 작성 방식이 '회고 다이어리diary'다. 다른 사람이 읽어 볼 수 있는 곳에 회고를 공유하되 일기 형식으로 게시하는 방법이다. 만약 일기 형식을 취하지 않는다면 사실상 세미나에 참여해서 발제문을 올리는 것이나 다름없다. 글쓰기 자체를 부담스러워하는 사람에게는 이보다 더 큰 부담이 없을 것이다.

회고 다이어리는 이러한 문제를 해결해 준다. 개인 블로그나 회사의 사내 게시판, 회고 다이어리 모임 등에 참여해서 일기 쓰듯이 가볍게 회고를 적는 조직 문화를 제안해 보시라. 다른 누군가에게 정보나 인사이트를 전달하기 위해 적는 글도 아니고, 나의 대단한 인사이트를 발제하기 위해 쓰는 글도 아니다. 나 자신을 위해서 쓰는 일기 형태로 회고를 적어 나간다. 그 일기를 다른 사람이 읽을 수 있는 공간에 올릴 뿐이다.

형식을 조금 바꾸는 것뿐이지만 스스로를 자기 합리화할 수 있는 좋은 명분이 되어 준다. 블로그에 글을 쓰라고 하면 많은 사람들이 부담스러워한다. 그러나 초등학생도 일기는 쓸 줄 안다. 성장하고 싶은 사람이라면 일기 쓰는 정도의 부담은 감수할 수 있을 것이다. 대단한 인사이트가 있어서 적는 게 아니라 어제의 나와 오늘의 나를 비교하기 위해 혼자 회고할 뿐이다.

나는 스타트업 안에서 사내 게시판에 회고 다이어리를 만들었었다. 내가 속한 팀 안에서 먼저 팀원들과 회고를 적어보기로 했다. 누구나 볼 수 있는 게시판 하나를 만들고, 각자 쓰고 싶을 때 자신에 대한 회고를 적었다. 그렇게 시작했다.

회고 게시판을 만들기 전에도 서로의 생각이나 인사이트를 나누기 위한 시도는 여러 번 있었다. 스터디를 하거나 사내 모임을 만들거나 정보를 공유하는 전용 게시판을 만들기도 했다. 그러나 대개 다른 사람을 위해 스터디 내용을 공유하고, 발제하고, 발표하는 활동이 부담되어서 오래가지 못했다.

그래서 '대단한 걸 적어야 한다'는 부담과 자기검열을 없애기 위해 다이어리 형태를 취했다. 팀원들은 각자 자기 자신을 위해 글을 쓸 뿐이지, 다른 사람에게 노하우나 인사이트를 소개하기 위해 글을 쓰는 게 아니었다.

결과적으로 다른 팀의 팀원들도 참여하는 조직 문화로 발전했다. 동료가 어떤 고민을 하는지, 어떤 교훈을 얻었는지, 어떻게 성장하는지를 엿볼 수 있다는 점 때문에 회고 게시판을 읽는 사람들이 많아졌다. 그리고 회고에 참여하는 사람도 늘었다. 만약 각자 발제문을 쓰라고 했으면 스스로 확장하는 문화로 성장하진 못했을 것이다.

회고 다이어리를 공유하면 가장 좋은 건 동료를 응원하게 된다는 점이다. 스타트업에 다니는 구성원들은 달리기 선수와 같다. 매일 빠르게 성장하며 정신없이 달린다. 그 고된 과정을 버틸 수 있게 도와주는 건 내 옆을 함께 달리고 있는 페이스 메이커pace maker 동료다. 동료의 회고는 나에게 자극이 되고, 내 회고를 읽고 '좋아요 버튼'을 눌러 주는 동료들의 지지도 힘이 된다.

성장 욕구가 강한 주니어들은 자기 실력을 성장시키고, 또 실력을 인정받기 위해 노력한다. 그래서 회사는 전쟁터이자 내 실력을 입증해야 하는 시험의 장처럼 느껴지기도 한다. 회고 다이어리를 적으면서부터는 회사의 의미가 달라졌다. 시험장이 아니라 동료와 함께 성장하는 거대한 로켓처럼 느껴졌다. 동료에게 내 고민과 성장 과정을 공유하고, 동료의 성장을 함께 지켜보며 하루를, 한 달을, 일 년을 헤쳐 나간다. 스타트업에 이보다 좋은 조직 문화가 있을까?

☑ 챕터 요약

회고 주기 및 시점
- **매일 회고** 일과가 진행되는 월요일~금요일에 매일 적는다.
- **주 2회 이상 회고** 1~3일에 한 번꼴로 최소 주 2회 이상 적는다.

회고 작성법
- 잘한 점, 개선할 점, 실행 과제
- 사실, 느낌, 교훈, 실행 과제
- 다이어리 방식

회고의 질을 높이는 방법
- 회고 아카이브하기(월별, 분기별 점검)
- 함께 회고하기(프로젝트 회고)
- 회고 공유하기

마무리

스타트업은 원래 그래

피할 수 없으면 즐기라는 말이 있다. 마음가짐에 대한 지혜로운 격언인데 자주 오남용된다. 해결할 수 있는 문제나 해결해야 하는 문제를 해결하려고 노력하지 않고 합리화하는 수단으로 쓰인다. 이 문제는 고질적이고 해결하기 어려우니 피할 수 없다, 그러니 좋은 경험이라고 생각하고 즐겨라. 그런 논리로 잘못 사용된다. '스타트업은 원래 그래'라는 표현도 마찬가지다.

스타트업은 혁신적인 솔루션을 새롭게 도전하는 신생 기업이다. 그래서 스타트업에는 자기 힘으로 새로운 길을 개척

하려는 사람들이 많이 모인다. 누가 시키지 않아도 스스로 성장하고 열정을 쏟는 인재들이 정말 많다. 나는 첫 직장을 스타트업에서 시작했기 때문에 원래 스타트업은 이렇게 다들 열심히 고되게 일하는구나 하고 생각했더랬다.

나중에는 나 스스로 매너리즘에 빠졌다. 일하는 방식에 여러 가지 문제가 있어도 '스타트업은 원래 그래'라는 말로 스스로를 합리화하는 자신을 발견했다. 회사에 제대로 된 체계가 없어도 스타트업이니까 원래 그렇다고, 일이 많고 힘들어도 스타트업이 보통 그렇다고 합리화했다.

실제로 스타트업이 일반 기업과 확실히 문화나 체계가 다르긴 하다. 기존에 없던 영역을 기존에 없던 방식으로 시도하는 경우가 많으니 당연히 겪게 되는 문제들이 있다. 어찌 보면 피할 수 없다. 하지만 피할 수 없이 겪게 되는 자연스러운 현상이라고 해서 문제를 방치하면 안 되리라.

스타트업에 체계가 없거나 신입사원에게 제대로 일을 알려 줄 수 없는 경우도 많다. 회사에 따라 일이 너무 많은 곳도 있다. 그에 비하면 월급이 적다고 느껴질 수도 있겠다. 이러한 모든 문제들이 '스타트업은 원래 그렇다'는 이유로 당연시되지는 않았으면 좋겠다.

마무리

이 책을 통해서는 혹시나 누군가 열악한 환경의 회사에 들어갔더라도 혼자서 시도해 볼 수 있는 방법들에 대해 이야기하고 싶었다. 마치 피할 수 없는 환경이면 즐기라는 것처럼, 이미 입사한 회사가 한순간 바뀌는 게 아닌 이상 우리가 할 수 있는 일을 해야 한다고 생각했다. 이는 절대 기업의 문제를 합리화하고 스타트업의 문제를 당연시하기 위함이 아니라는 걸 분명히 하고 싶다.

오히려 스타트업이 평범한 회사보다 문제가 적을 수도 있다. 스타트업 자체가 변화에 민감한 조직이기 때문에 조직 내부에 문제가 있을 때, 이를 좌시하지 않고 빠르게 개선안을 만들어낸다.

내가 입사한 지 얼마 안 됐을 때 있었던 조직의 문제들은 거의 대부분 1년 안에 해결되었다. 정말로 악질적인 회사들이 문제를 알면서도 해결하지 않는 것에 비하면 오히려 스타트업이 더 건강할 수 있다.

그러니 스타트업을 경영하는 입장에서도 더 나은 조직을 위해 노력하고, 스타트업을 다니는 구성원 입장에서도 조직의 변화를 함께 응원하고 기다려 주는 마음이 필요하다.

특히 나처럼 첫 직장이 스타트업인 경우엔 근무할 당시는 모르지만 나중에 알게 된다. 다른 회사에 비하면 엄청나게 빠르게 문제들이 개선되는 편이며, 같이 일하는 동료들도 어디서 만날 수 없을 만큼 유능하고 성장 욕구가 강한 사람이었다는 것을 말이다.

스타트업에서만 겪을 수 있는 것

여러 스타트업이 자주 하는 말 중 하나가 '사람이 최고의 복지다'라는 말이다. 구성원의 복지를 위한 다양한 제도가 있겠지만, 그 모든 것들보다 더 큰 만족과 혜택을 주는 게 바로 내 옆에서 같이 일하는 동료라는 뜻이다. 그만큼 스타트업엔 뛰어나고 좋은 사람들이 많다.

스타트업은 대개 기존에 없던 무언가를 만들기 위해 도전한다. 그래서인지 대부분 열정과 성장 욕구가 대단히 강하다. 남들 하는 대로, 누가 시키는 대로 살기보다는 정해진 게 없는 일을 스스로 찾아서 하는 사람들이 스타트업에 모인다. 일에 열중하고 어제보다 더 잘하려고 노력하는 사람들 사이에서 일하는 건 축복과도 같다. 같이 있는 것만으로도 동기 부여되고 함께 성장하기 때문이다.

마무리

그래서 좋은 스타트업에 가면 소속감이라는 걸 느낀다. 요즘 같은 시대에는 회사에 소속감을 느낀다고 하면 바보 취급당한다. 자본주의 사회에서 회사나 사장의 배를 불려 주기 위해 왜 내가 노력하냐는 식이다. '내 회사도 아닌데 왜 주인의식을 가지냐'라는 말이 먼저 나올 거다. 하지만 좋은 스타트업에 모여 있는 좋은 사람들은 자기 회사를 '우리 팀'이라고 부른다. 당연히 그런 스타트업은 회사가 성장하는 만큼 구성원에게 보상한다.

만약 자기 주도적으로 일하는 걸 좋아한다면 스타트업이라는 환경 자체가 일종의 보상일 수도 있다. 스타트업은 주니어에게도 많은 권한을 위임하고, 동등하게 의견을 주고받는 경우가 많다. 다른 회사에서는 3년이 지나야 조금 배워 볼 수나마 있는 업무를 당장 맡을 수도 있다. 이러한 상황이 누군가에게는 큰 부담이겠지만, 분명한 건 누구보다 빠르게 성장한다.

평생직장이 없는 시대다. 하루가 다르게 세상이 변하고 기존에 없던 기술이 등장하고 있다. 그러니 변화의 최전방에서 다양한 경험을 쌓으며 뛰어난 사람들과 같이 일하는 게 더 낫다고 생각한다. 무엇보다 미래의 행복에 저당 잡혀서 오늘의 직장 생활을 무기력하게 보내고 싶지 않았다. 그런 점에서 스타트업은 나에게 잘 맞는다.

그래서 스타트업에 다니는 주니어들에게 도움을 주고 싶었다. 권한이 많이 주어지는 만큼 내가 직접 문제를 해결하고, 체계도 잡아야 하는 환경에서 좀 더 잘 적응할 수 있게 도와 드리고 싶다. 적어도 내가 겪었던 문제들은 겪지 않았으면 좋겠다. 당연한 건데 초년생이라 당연한 건 줄 몰라서 겪었던 스트레스들, 사소한 업무 방법론을 몰라서 한참을 비효율적으로 일했던 시간 등등 쉽게 해결할 수 있는 게 많다. 몇몇 핵심적인 문제만 해결되어도 여러분의 스타트업 직장 생활은 백팔십도 달라질 거라고 확신한다.

주니어에게 먼저 손을 뻗어 주세요

누구보다 업무 노하우가 필요한 것은 단연 사회초년생이다. 하지만 정작 사회초년생 시절에는 대부분 업무 방법론을 궁금해하지 않는다. 당장 자기가 맡은 일을 어떻게 처리할까에 대해서만 고민한다. 지금 처리해야 하는 업무를 빨리 끝내야 한다는 생각에, 정작 일 잘하는 방법은 고민하질 않는다.

왜냐하면 자신이 무엇을 모르는지조차 당시에는 모르기 때문이다. 5분이면 쓰는 이메일 하나 쓰는 데 30분씩 걸리면서도 회사 일이 너무 많다고 회사 탓을 하는 경우가 빈번하다. 어떤 경험을 처음 해보는 '초심자'들이 모두 겪는 문제다. 자신이 무엇을 모르는지 모른다.

그래서 사회초년생에게는 선제적 도움이 필요하다. 해외 미디어에서도 '오늘의 단어'로 선정할 정도로 신드롬이 되어버린 '꼰대'라는 단어가 있다. 우리는 꼰대라는 딱지를 붙이고 수없이 많은 선제적 도움을 잔소리 취급해 왔다. 그중에는 분명 꼰대질이나 오지랖도 많았지만 초심자는 알기 어려운 선제적 도움도 분명 있었다. 하지만 꼰대라는 단어가 선先 경험자들을 위축시키고 느슨한 연대를 부숴 놓는다.

나는 내가 겪은 시행착오를 누군가 똑같이 반복하는 것을 극도로 싫어한다. 또한 남이 겪은 시행착오를 내가 겪는 것도 싫다. 그중에는 마땅히 겪어야 성장하는 시행착오도 있지만, 얻는 것에 비하면 잃는 것만 너무 많은 자질구레한 시행착오도 있다.

예를 들어 어렵게 들어간 회사를 금방 퇴사하는 일이 얼마나 많은가? 간단한 업무 방법론만 알아도 해결되는 문제임에도 그것이 회사 문제라고 착각하여 퇴사하게 되는 경우가 너무나 많다. 먼저 경험한 사람이 적절한 시기에 적절하게 경험을 공유해 줬더라면 생기지도 않았을 문제다. 퇴사로 인한 비용은 온전히 당사자가 감수해야 한다.

　내가 겪은 시행착오를 다른 사회초년생들도 비슷하게 겪는다는 걸 안다. 내가 성공했거나 실력이 뛰어난 사람은 아니지만 용기를 내어 글을 적는 이유는 작은 경험을 공유하는 느슨한 연대가 많아질수록 사회에 이로울 것이라 생각하기 때문이다. 모두가 실리콘밸리 CEO나 화려한 스펙의 직장인들 성공 비결을 읽지만, 초심자에게 필요한 건 초심자를 막 벗어난 사람의 작지만 확실한 경험이다. '꼰대'라는 이름으로 무시하기에는 너무 아깝지 않은가. 서로 나누고 끌어 주는 건강한 사회가 되길 바란다. 그리고 항상 도와주고 지지해 준 지난 동료분들께 다시 한 번 감사의 말씀을 전한다.

마무리

부록

    스타트업에서 자주 쓰이는 업무 용어들을 정리했다. 사무실 안에서 쓰이는 업무 용어부터 시작하여 시장 및 산업에서 쓰이는 비즈니스 용어 등 꼭 필요한 용어들이다. 이러한 용어는 보통 회사나 사람마다 은어처럼 사용하며 그 뜻이 다르기 때문에 유의해야 한다.

    따라서 다음 정리 또한 다를 수 있으니 참고만 하시길 바란다. 순서는 이해가 선행되어야 하는 개념들을 우선하여 정리했다.

업무 방법론

업무 용어	뜻	예시
태스크 Task	과업, 업무라는 뜻으로, 하나의 업무 단위를 말한다. 예를 들어 팀장님이 지나가면서 "사무실에 놓인 박스 물품 좀 정리해 주세요"라고 하자. 이때 단순히 생각해서 '시간 날 때 정리해 놔야지' 정도로 기억하면 놓칠 수 있다. 작은 커뮤니케이션에서도 내가 해야 하는 일들을 '과업'이라는 개념으로 이해해야 놓치지 않는다. Task나 과업이라는 단어를 자주 사용하면 자연스럽게 자신의 업무들을 '관리'하게 된다.	"프로들은 태스크를 신속, 정확하게 처리한다." "이번 프로젝트는 태스크가 너무 많아요."
알앤알 R&R, Role& Respon- sibilities	역할과 책임. 어떤 과업의 담당자를 정할 때, 그 과업의 알앤알을 지정한다고 이야기한다. 그 역할을 맡을 사람, 책임질 사람을 정한다는 의미다.	"A프로젝트에 대해서 알앤알을 명확히 정하죠."
납기 Due date, Deadline	마감 기한이라는 뜻으로 어떤 과업을 끝내야 하는 목표 일자를 말한다.	"납기는 생명이다." "납기를 정확히 맞춰야 한다." "A프로젝트 납기가 어떻게 되죠?"
아젠다 Agenda	의제, 안건이라는 뜻으로 정식 국문 표기는 '어젠다'이다. 보통 실무에서는 아젠다라고 표현한다.	"이번 회의에서 논의할 아젠다는 세 가지입니다." "A라는 아젠다에 대해 논의해 보자."

업무 용어	뜻	예시
KPI Key Perfor- mance Indicator	핵심 성과 지표라는 뜻으로 측정할 수 있는 사업적, 업무적 지표를 말한다.	"이번 프로젝트의 KPI를 70% 정도 달성했다."
미씨 MECE, Mutually Exclusive Collective- ly Exhaus- tive	상호배제 전체포괄이라는 뜻으로 어떠한 요소 간에 중복 없이, 누락되는 요소 없이 정리하는 것을 말한다. 통상 '미씨'라고 읽는다.	"항목이 미씨하지 않다."
레버리지 Leverage	지렛대의 힘을 이용하듯 타인의 자원을 활용하여 나의 성과를 극대화하는 것을 말한다. 경제 영역에서는 빚을 내어 타인의 돈으로 나의 수익을 늘리는 행위를 뜻한다. 업무 영역에서는 타인의 노력이나 자원을 활용하여 나의 업무 효율을 높이는 행위를 뜻한다.	"지난 PPT 자료를 레버리지해라."
케파 Capacity	수용 가능한 업무량 혹은 내가 할 수 있는 업무 역량을 의미한다.	"네 업무 케파에 맞게 일을 받아라." "신입이 하기엔 케파가 안 된다."
업무 리소스 Resource	업무적인 여유 자원(시간, 여력 등)	"지금 리소스가 부족해서 그 일은 하기 어려워요."
랩업 Wrap-up	어떤 일을 갈무리하고 마무리하는 것을 말하며, 회고하는 행위라고 생각하면 된다.	"A프로젝트 끝났으니 랩업 한 번 해야죠." "랩업하고 개선할 점을 도출해 주세요."

조직 운영 방식

업무 용어	뜻	예시
애자일 Agile	기민한, 민첩한이란 뜻으로 시장 반응에 민첩하게 대응하는 사업 전략을 의미한다. 수평적인 의사소통을 기반으로 실무진에게 많은 권한을 위임하여 시장 반응에 즉각 대응하도록 애자일 조직을 구성하는 경우가 많다.	"애자일 조직으로 체제를 변화시키고자 한다."
얼라인 Align	정렬이라는 뜻으로 조직과 조직 구성원의 방향성, 목표, 문화 등을 일치시키는 과정을 말한다.	"우리 조직은 얼라인이 잘되어 있다."
OKR Objec-tive&Key Results	기업의 목표를 정성적인 목표 Objective와 정량적인 하위 목표 Key Results로 나누어, 목표 기반으로 조직을 경영하는 경영 기법이다. 구글에서 OKR을 운영하는 것으로 유명하다.	"우리 회사도 OKR을 도입해보자."
As-is, To-be	As-is는 '현재 상태'를 의미하고, To-be는 '미래 모습'을 의미한다. 보통 현황과 개선안을 논할 때 많이 쓴다.	"As-is: 고객 유입률이 낮아졌다. To-be: 광고를 통해 고객 유입률을 높인다."
타운홀 미팅 Town hall meeting	정치인이나 정부가 지역 사회의 의견을 듣기 위해 마을 사람들과 만나는 자리를 타운홀 미팅이라고 부르는데, 이와 비슷하게 회사의 모든 직원이 모이는 정기 회의를 '타운홀 미팅'이라고 부른다.	"이번 달 타운홀 미팅 때 경영 성과를 공유해 드리겠습니다."

업무 용어	뜻	예시
스크럼 Scrum	럭비에서 팀원들이 빠르게 모여 어깨동무를 하고 작전을 나눈 뒤, 빠르게 해산하는 방식의 짧은 회의 방식을 말한다. 스타트업에서는 의자에 앉지도 않고 모여서 15분 내외로 빠르게 회의를 하는 경우가 많다.	"아침에 스크럼 잠깐 합시다."
킥오프 미팅 Kick-off	특정 프로젝트에 대해서 고객과 처음 만나는 미팅 자리를 보통 킥오프 미팅이라고 한다. 회사 안에서도 어떤 프로젝트에 대해 팀원들이 처음으로 모이는 회의를 킥오프 미팅이라고 부르는 경우가 많다.	"킥오프 미팅 때 기획안 공유드릴게요."
사일로 현상 Silo	사일로는 곡식 창고라는 뜻으로, 사일로 현상이란 조직에서 각 팀이 자기만의 벽을 치고 서로 협력하지 않는 현상을 말한다.	"사일로 현상을 해소하기 위해 여러 팀 간의 워크샵을 준비했습니다."

비즈니스

업무 용어	뜻	예시
BM Business Model	사업 모델이란 뜻으로 시장의 어떤 이해 관계자와 상호작용하여 어떠한 제품, 서비스로 수익을 창출하는지를 말한다.	"플랫폼 모델로 BM을 바꿔보자."

업무 용어	뜻	예시
퍼소나, 페르소나 Persona	가면이라는 뜻으로, 경영에서는 사업의 타깃이 되는 특정 사회적 정체성을 의미한다. 사업에 맞는 특징을 갖는 인물상을 정의한 것이다.	"우리 타깃 페르소나는 20대 후반의 직장인 여성이다."
VP Value Proposi- tion	고객에게 제시하는 핵심 가치를 의미한다.	"우리 제품의 VP는 개인 맞춤형 서비스라는 점이다."
MVP Minimum Viable Product	최소 존속 제품이라는 뜻으로 제품, 서비스의 핵심 기능만 구현한 베타 버전의 테스트 제품, 서비스를 말한다.	"신제품 MVP를 만들어서 가볍게 테스트해 보자."
피봇 Pivot	축이라는 뜻으로, 경영에서는 사업 아이템이나 비즈니스 모델 등의 중심 축을 기반으로 시장 반응에 맞게 사업 내용을 변화시키는 행위를 말한다.	"시장 반응이 안 좋아서 사업 아이템을 피봇해야 한다."
PMF Product- Market Fit	제품-시장 적합도라는 뜻으로 제품이 시장에서 작동하는지, 팔리는지를 의미한다.	"신제품의 경우 아직 PMF가 검증되지 않았다."
IR Investor Relations	창업팀 혹은 스타트업이 투자를 받기 위해 투자자와 관계를 맺는 모든 행위를 말한다.	"투자 유치를 위해 IR 자료를 만들고 있다."

참고 문헌

1   '2018 딜로이트 밀레니얼 설문조사', 〈Deloitte Korea Review No.11〉, 84~93쪽.

2   〈2017 Maps of Meaning 11: The Flood and the Tower〉, Jordan B Peterson, youtube, 2017.05.19. , https://www.youtube.com/watch?v=T4fjSrVCDvA&ab_channel=JordanBPeterson

3   한경닷컴사전, https://dic.hankyung.com/economy/view/?seq=11221

4   〈피자 스타트업 '고피자' 40억 규모 투자 유치… 주방 자동화 AI 기술 개발 착수〉, 김민정 기자, 플래텀, 2019.08.11. , https://platum.kr/archives/126506

5   〈토스는 왜 금융을 바꾸려고 하는가?〉, 이승건, tossfeed, 2018.05.17. , https://blog.toss.im/2018/05/17/tossteam/insight/toss-changes-world

6   Netflix Jobs 홈페이지, https://jobs.netflix.com/culture

7   Facebook Careers 홈페이지, https://www.facebook.com/
      careers/facebook-life

8   '경제활동인구조사 통계표', KOSIS(국가통계포털), 2020.11.22. ,
      https://kosis.kr/index/index.do

9   〈Staff Burn-Out〉, H. J. Freudenberger, J. Soc. Iss., 30,
      159~166쪽, 1974.

10 화해 홈페이지, https://www.hwahae.co.kr

11 〈클래스101 "강의 영상에 준비물도 제공…'소확행'족 사로잡았
      죠"〉, 조수영 기자, 한국경제, 2019.09.03. , https://www.han-
      kyung.com/economy/article/2019090374061

12 《마이클 포터의 경쟁우위(Competitive Advantage)》, 마이클 포
      터(Michael Porter), 21세기북스, 69쪽, 2008.

13 〈The Relations between the Ego and the Unconscious〉, Carl
      Gustav Jung, in:《The Portable Jung》, Joseph Campbell (ed.),
      New York: Viking Press, 106쪽, 1971.

14 《OKR - 전설적인 벤처투자자가 구글에 전해준 성공 방식(Measure What Matters)》, 존 도어(John Doerr), 세종서적, 34~35쪽, 2019.

15 《비즈니스 모델의 탄생(Business Model Generation)》, 알렉산더 오스터왈더(Alexander Osterwalder)·예스 피그누어(Yves Pigneur), 타임비즈, 28쪽, 2011.

스타트업 주니어로 살아남기

초판 1쇄 인쇄일	2021년 07월 05일
초판 1쇄 발행일	2021년 07월 12일

지은이	유석영
발행인	이지연
주간	이미숙
책임편집	정윤정
책임디자인	이경진 권지은
책임마케팅	이운섭 신우섭
경영지원	이지연

발행처	㈜홍익출판미디어그룹
출판등록번호	제 2020-000332 호
출판등록	2020년 12월 07일
주소	서울시 마포구 독막로18길 12, 2층(상수동)
대표전화	02-323-0421
팩스	02-337-0569
메일	editor@hongikbooks.com

제작처	갑우문화사

ISBN	979-11-9142-034-0 (03190)